Das Mythische in der Natur

Stefan Demuth

Das Mythische in der Natur

Die Entstehung der Tier- und Pflanzenarten
in der antiken Mythologie

SCHNELL + STEINER

Die Abbildung der vorderen Umschlagseite zeigt:
Apoll und Daphne, Marmorgruppe von Lorenzo Bernini (um 1625)

Frontispiz:
Ovid erhält von seiner Muse die Inspiration zu den Metamorphosen

Abbildung S. 36:
Aphrodite und Adonis (s. S. 38, Anemone)

Abbildung S. 68:
Zeus und Hera mit dem Pfau, dem Tiersymbol der Göttin (s. S. 95, Pfau)

Bibliografische Information der Deutschen Nationalbibliothek:
Die Deutsche Nationalbibliothek verzeichnet diese Publikation
in der Deutschen Nationalbibliografie; detaillierte bibliografische
Daten sind im Internet über <http://dnb.d-nb.de> abrufbar.

1. Auflage 2012
© 2012 Verlag Schnell & Steiner GmbH,
Leibnizstr. 13, D-93055 Regensburg
Umschlaggestaltung: Stefan Demuth, Berlin/Anna Braungart, Tübingen
Satzherstellung: Erhardi Druck GmbH, Regensburg
Druck: CPI books GmbH, Leck
ISBN 978-3-7954-2175-5

Alle Rechte vorbehalten. Ohne ausdrückliche Genehmigung des Verlages ist
es nicht gestattet, dieses Buch oder Teile daraus auf fotomechanischem oder
elektronischem Weg zu vervielfältigen.

Weitere Informationen zum Verlagsprogramm erhalten Sie unter:
www.schnell-und-steiner.de

Inhalt

Vorwort 9

Einleitung 13

Die Biologie in der Antike 21

Kult, Religion und Mythos in der Antike 27

Die antike Götterwelt 33

Verwandlungssagen – Pflanzen 37
    Anemone 38
    Apfelbaum 40
    Feigenbaum 41
    Lichtnelke 42
    Linde 43
    Lorbeer 44
    Majoran 47
    Maulbeerbaum 49
    Minze 50
    Mohn 51
    Myrrhenbaum 53
    Myrte 55
    Narzisse 56
    Schilfrohr 58
    Silberpappel 60
    Walnussbaum 62
    Weihrauchbaum 63
    Zypresse 65

Verwandlungssagen – Tiere 69
    Adler 70
    Affe 71
    Dohle 72
    Elster 73

Fischadler	74
Fledermaus	77
Frosch	78
Habicht	80
Koralle	82
Krähe	84
Kranich	85
Luchs	86
Mauergecko	89
Nachtigall	90
Perlhuhn	92
Pfau	95
Rabe	97
Schildkröte	98
Schwan	100
Specht	102
Spinne	104
Steinhuhn	106
Steinkauz	109
Uhu	110
Wiedehopf	111
Wolf	114
Zikade	116

Anhang	119
Glossar der Götter und mythologischen Gestalten	119
Botanischer Index	127
Zoologischer Index	129
Mythologischer Index	131
Namens- und Sachregister	135
Verzeichnis der antiken Autoren und Quellen	139
Weiterführende Literatur	142
Bildnachweis	143

*Meinen Kindern Marie, Jonathan und Julius
und
meiner Frau Andrea*

Vorwort

„Von Cicero zu den Ringelwürmern – herzerfrischend!" habe ich immer gesagt, wenn mich jemand im Studium auf meine etwas seltene Fächerkombination ansprach. Entweder studierte man für das Lehramt solche Kombinationen wie Biologie/Chemie, Biologie/Erdkunde oder Latein/Geschichte, Latein/Griechisch; aber doch nicht Latein und Biologie! Selten, sehr selten – sehr seltsam! Zuerst habe ich mich jeweils nur „halb" gefühlt; halb Naturwissenschaftler, halb Altphilologe: Ein Makel! Ein Makel? Nein, eine Chance! Denn ich begann durch das Studium beider Fächer in Welten einzudringen, die den anderen, den „Fachleuten" der jeweiligen Fakultäten, verborgen blieben, verborgen bleiben mussten: Antike Medizin, Ökologischer Ackerbau in der Antike, Heilkräfte antiker Gärten.

Zu dem vorliegenden Buch inspirierte mich allerdings nicht das mußevolle Studium altphilologischer oder biologischer Literatur, sondern ein Moment beim Lernen für das Biologie-Examen. Ein Detail in der zoologischen Systematik ließ mich innehalten im sturen Auswendiglernen: Nesseltiere, auch Cnidaria genannt – im Stammbaum der Tiere relativ früh angesiedelt – haben grundsätzlich zwei Erscheinungsformen: Der sog. Polyp, der auf einer festen Unterlage im Gewässer haftet, erzeugt ungeschlechtlich, d.h. nur durch Knospung sog. Medusen; diese bringen letztendlich durch geschlechtliche Vermehrung wiederum den Polypen hervor. Die Bezeichnung Meduse machte mich stutzig! Wie kommt jemand dazu, ein Tier nach einer Gestalt aus der antiken Mythologie zu benennen, zudem noch nach einer so hässlichen? Medusa? Nun, jeder, der weiß, um welche Art von Tieren es sich bei den Medusen handelt, wird meine in diesem Augenblick beginnende Faszination nachvollziehen können: Es sind Quallen – Quallen mit ihren langen gallertartigen Fortsätzen – ähnlich dem vor Schlangen wimmelnden Haupt der Medusa! Noch größer war mein Erstaunen, als mir bewusst wurde, dass zu den Nesseltieren ebenfalls die Korallen zählen, also Medusen und Korallen im weitesten Sinne unterschiedliche Erscheinungsformen einer Tiergruppe sind. Und dies wäre einem reinen Naturwissenschaftler oder reinen Altphilologen wahrscheinlich nicht als besonders bemerkenswert aufgefallen. Doch mich hielt es vom Lernen für das Examen ab. „Koralle – Meduse – Medusa – Koralle" so dachte ich hin und her. „Du kennst doch da eine Geschichte!" Ich suchte. Und tatsächlich, ich fand sie in Ovids Metamorphosen, dem genialen Fundus mythologischer Weltdeutung! Ich las nach: Perseus, Sohn des Zeus und der Königstochter Danaë, hatte den Auftrag bekommen, der schrecklichen Gorgone Medusa das Haupt abzuschlagen. Dieses war mit wimmelnden Schlangen bedeckt, und sein Anblick verwandelte jeden in Stein. Doch Perseus gelang mit Hilfe von Hermes und Athene das Unmögliche, er schlug der Medusa das Haupt ab. Auf seinem Rückweg bewahrte er die an eine Meeresklippe gefesselte Königstochter Andromeda vor dem sicheren Tod durch ein Seeungeheuer. Um sich nach diesem Kampf die blutigen Hände zu waschen, legte Perseus das Medusenhaupt, damit es nicht im harten Sand verletzt werde, auf Blätter und Zweige des Meeresufers. Doch, so erzählt uns Ovid, die Blätter und Zweige entzogen dem Gorgonenhaupt die Kraft, verhärteten sich, und es entstanden die Korallen! Im gleichen Moment, da ich den biologisch-mythologischen Zusammenhang zwischen Koralle und Meduse/Medusa bestaunte und für mich alles ganz klar erschien, in demselben Moment verschwamm alles wieder – Fragen tauchten auf: Wie konnte der Mythos die stammesgeschichtliche Verwandtschaft von Medusen und Korallen „vorwegnehmen"? (Wir wollen den Umstand vernachlässigen, dass Korallen und Quallen Tiere sind, Ovid aber von Blättern [lat. foliis] und Zweigen [lat. virgas] spricht.) War es ein in der antiken Mythologie bewanderter Biologe, der die Nomenklatur für diese Tiere entwarf? Ist es Zufall, dass sowohl der antike Mythos als auch die Biologie einen Zusammenhang zwischen diesen beiden Lebensformen herstellt? Wie viel Biologie und wie viel Mythologie brauchen wir, um die Welt zu verstehen, um sie zu deuten?

Es ist klar, dass diese Fragen mich letztlich nicht von meinem Examen und meinem Beruf abhielten, aber sie verlangen nach Antworten. Ich muss nun allerdings gestehen, dass ich die Antworten auf diese und ähnliche Fragen in dem vorliegenden Buch werde schuldig bleiben müssen. Ich habe es nur unternommen, die Faszination einiger dieser biologisch-mytholgischen Momente festzuhalten und zu präsentieren. Die Antworten auf die entstehenden Fragen muss sich jeder, der sich davon faszinieren lässt, selbst geben.

So genieße man denn beim Lesen das Reisen zwischen Mythologie und Biologie, zwischen Mythos und Logos, man genieße das Entdecken von Tieren, Göttern, Pflanzen, Heroen, Nymphen und kulturhistorischen Besonderheiten. Man genieße Momente, die einen neuen alten Blick auf eine neue alte Welt eröffnen können.

Danken möchte ich an dieser Stelle allen, die mich auf meiner Entdeckungsreise begleitet haben: zuallererst meiner Frau *Andrea*, die mich beim Schreiben stets ermutigte und eine kritische Probeleserin war; meinen *Kin*-

dern, die mich bei Spaziergängen durch den Wald immer wieder baten, antike Sagen zu erzählen, und mir damit deutlich machten, welche Faszination auch heute noch von dieser Sagenwelt ausgeht; *Herrn Prof. em. Dr. Hans Poser* vom Institut für Philosophie der Technischen Universität Berlin, der v.a. das Kapitel *Kult, Religion und Mythos in der Antike* kritisch gelesen hat und dessen Anregungen mir sehr hilfreich waren; *Herrn Klose*, der sich mit dem Manuskript aufgemacht hat, um einen geeigneten Verlag zu finden; *Herrn Jerabek*, der mir bei der Umschlaggestaltung sowohl mit seiner Meinung als auch mit seinen technischen Fertigkeiten geholfen hat; den Lektoren vom Verlag Schnell & Steiner, *Frau Keilbach und Herrn Köb*, die mich auf die freundlichste Art durch die für mich unbekannten Gewässer einer Veröffentlichung geleiteten; *Herrn Dr. Weiland und seiner Frau*, die mit ihrer Begeisterung für das Thema das vorliegende Buch erst ermöglicht haben.

Bleibt mir noch eine Bitte – im Sinne einer Verständigung zwischen Mythos und Logos – frei nach Ovid:

Ihr Götter, seid meinem Beginnen gewogen und führt mein Werk vom ersten Ursprung der Welt bis hinab zu unseren Tagen!

Im Mai 2012
Stefan Demuth

Einleitung

*„Durch das Sich-Verwundern
begannen die Menschen heute wie früher,
Wissenschaft zu treiben."*
(Aristoteles)

Das Verhältnis des Menschen zur Natur war schon immer ein gespaltenes. Auf der einen Seite war er sich immer bewusst, ein, wenn auch nicht notwendiger, so doch recht bedeutender Teil der ihn umgebenden Welt zu sein. Auf der anderen Seite jedoch hat gerade das Bewusstsein vom Eingebundensein in die Gesetze der Natur zu jeder Zeit das Bestreben hervorgerufen, sich ebendieser Fesseln zu entledigen; denn die Unerklärlichkeit, die Unbeherrschbarkeit und die Unberechenbarkeit der Natur vermittelten dem Menschen in der Frühzeit seiner Geschichte ein Gefühl der Hilflosigkeit und der Angst. Das Ungewisse an den Phänomenen der Natur führte dazu, die Natur oder ihre einzelnen Teile zu personifizieren. Belebte und unbelebte Natur wurden verständlicher und vertrauter, indem man sie menschlichen Denkmustern zwar nicht unter-, doch zumindest zuordnete. Die Naturreligionen und die mit der Natur zusammenhängenden Mythen auf der ganzen Welt zeugen von diesem Bedürfnis der Menschen, sich in der Natur „zu Hause" zu fühlen.

Doch der Mensch hatte Zeit, sich neben dem Unbegreiflichen der Natur auch mit dem Begreifbaren derselben zu beschäftigen. Ein treuer, mit ihm ständig verbundener Mitstreiter bei diesem Unterfangen war ein Teil seiner selbst, der den Menschen von den übrigen Lebewesen auf der Erde noch heute unterscheidet, sein Verstand. Das menschliche Denkvermögen, seine Neugier und das Wissen um die eigenen Fähigkeiten haben ihm über die Jahrtausende der Menschheitsgeschichte bei der Loslösung von den Widrigkeiten und Zwängen der Natur recht gut verholfen. Doch dieser hilfreiche Verstand war, wie so oft, ein zweischneidiges Schwert, nicht nur für das Verhältnis der Menschen zueinander, sondern auch für ihre Beziehung zu der sie umgebenden Natur. Denn mit dem verstandesmäßigen Erheben über die Umwelt begann der Mensch, die Natur immer mehr zu funktionalisieren. Die zunehmende Beherrschbarkeit von Teilen der Natur und das wachsende Wissen um ihre Gesetze verhalfen dem Menschen dazu, sich nahezu die gesamte Erde untertan zu machen. Landbau und Viehhaltung, Fischfang und Jagd, Schifffahrt und nicht zuletzt die Medizin ließen die Natur für den Menschen immer mehr zum

Objekt seines Handelns werden. Je stärker man die Natur erkennen, nutzen und beeinflussen konnte, desto mehr verlor man das Gefühl für die Personen der Natur und begeisterte sich für die Funktionen der Natur.

Der moderne Mensch der Industrienationen hat diese veränderte Betrachtungsweise nahezu zur Perfektion gebracht: Natur zergliedert sich für ihn heute mehr und mehr in einen nutzbringenden, Energie und Nahrung liefernden Teil und in einen Teil, der nach Möglichkeit einen hohen Erholungs- und Freizeitwert besitzen soll. Sie wird nur noch dann zur Person, wenn sie mit Katastrophen unwiderlegbar ihre Macht beweist. Wenn menschliches Leben durch die Natur vernichtet wird, wenn dem Menschen die eigene Kleinheit gegenüber der Natur wieder vor Augen geführt wird, dann wird die Natur wieder zur Person, zum handelnden Subjekt. Dann hat der Berg wieder sein Recht gefordert, das Meer wieder zurückgeschlagen und die Erde gezeigt, dass sie noch nicht zur Ruhe gekommen ist. Der Respekt, den der Mensch der Natur entgegenbringt, scheint in dem Maße zu steigen, in dem er von ihr bedroht wird. Und weil diese Bedrohung für den modernen Menschen dank seines eigenen Zutuns weitgehend weggefallen ist, scheint auch das einzige, was ihn an der Natur heute noch existentiell berührt, die eigene Gesundheit zu sein und das tägliche Wetter.

Die Biologie – die Lehre vom Leben – hat dieses Verhältnis zwischen Mensch und Natur auf paradoxe Weise mitgestaltet. Ihr Drang, den Bausteinen und Prinzipien des Lebens auf die Spur zu kommen, hat sie in die Lage versetzt, auch dem biologischen Laien das Phänomen Leben mit all seinen Facetten transparenter zu machen: Angefangen vom Biologieunterricht in der Schule, wo die theoretische Beschäftigung mit der DNA-Doppelhelix als lebenskodierendem Molekül schon lange zum Inventar biologischer Allgemeinbildung gehört, bis hin zu abendfüllenden Dokumentarfilmen, die jedem Interessierten per Knopfdruck den tropischen Regenwald von Costa Rica ins Wohnzimmer holen, sind nahezu alle Wunder des Lebens auf diesem Planeten für den Menschen heute verfügbar und, mit etwas Engagement, auch verstehbar geworden. Das ist zweifelsohne ein Verdienst des von den Aufklärungs-Maximen geleiteten modernen Menschen im Allgemeinen und der Biologie als Wissenschaft im Besonderen. Und das ist gut so.

Doch mit jedem Schritt, mit dem die Biologie in die bisher verborgensten Ecken und Winkel der Natur einzudringen vermag, mit jeder neu dekodierten Basensequenz der DNA und mit jedem neu entdeckten Zusammenhang lebensbestimmender Prozesse in der Natur bringt sie den Menschen auch schrittweise von dem ab, was sie ihm doch eigentlich zu vermitteln versucht: zu erfahren, was Leben ist.

Nicht nur die Biologie, sondern auch die gesamte von steriler Rationalität geprägte Moderne befindet sich heute in dem Dilemma, die Welt zwar nahezu vollständig seziert, den Menschen bei der Deutung dieser Welt-Informationen aber allein gelassen zu haben. Und es scheint, als ob dieser getrieben von der immer unaufhaltsamer aufsteigenden Furcht vor beziehungsloser Rationalität der Welt den Mythos als eine Möglichkeit der Weltdeutung wieder in Betracht zieht; eine Renaissance des Mythischen ist heute wahrscheinlicher denn je. So muss sich das fundamentale Prinzip der modernen Naturwissenschaften – der Logos, wie es die Griechen in der Antike nannten –, dessen Wurzeln in der zutiefst menschlichen Frage nach dem *Warum* gründen und dessen Bedeutung für die Arbeit des menschlichen Verstandes durch das Gedankengut der Aufklärung gefestigt wurde, heute wieder seinem uralten vermeintlichen Gegenspieler stellen, den er schon vor mehr als zweieinhalb Jahrtausenden besiegt zu haben glaubte – dem Mythos. In der 1947 erschienenen *Dialektik der Aufklärung* haben Max Horkheimer und Theodor W. Adorno diese Situation beschrieben und gewertet: „Aufklärung schlägt in Mythologie zurück [...]. Wie die Mythen schon Aufklärung vollziehen, so verstrickt Aufklärung mit jedem Schritte tiefer sich in Mythologie."[1] Nicht die Suche nach quantifizierbaren Weltinhalten steht im Mittelpunkt der modernen Sehnsucht, sondern die Möglichkeit einer Weltdeutung.

Den Mythos als Möglichkeit einer Deutung der vom Logos regierten, modernen Welt ernst zu nehmen, erscheint auf den ersten Blick absurd; denn Mythos und Logos stehen sich offenbar gegenüber wie Feuer und Wasser. Im Verhältnis dieser beiden Gegenspieler zueinander war es der Logos, der – seinem Selbstverständnis folgend – die Trennung vom Mythos ständig und in immer stärkerem Maße betrieb. Die Degradierung des Mythos zu einem phantasievollen und märchenhaften Phänomen des menschlichen Geistes scheint die Suche nach einem gemeinsamen Nenner der beiden Weltdeutungen zu einem unmöglichen Unterfangen gemacht zu haben. Den (vermeintlichen) weltanschaulichen Graben zwischen Mythos und Logos durch Einschränkung eines der beiden Systeme wieder aufzufüllen, wird unzweifelhaft in eine Sackgasse führen. Aber vielleicht kann man sich, wenn man an einer Vermittlung interessiert ist, der Problematik auf ganz andere Weise nähern, ähnlich wie Wilhelm v. Humboldt es einmal recht treffend formuliert hat: „Wo zwei Wesen durch gänzliche Kluft getrennt sind, führt keine Brücke der Verständigung von einem zum andern, und um sich zu verstehen, muß man sich in einem anderen Sinne schon verstanden haben."[2] Es wird also nicht darum gehen können, einen Zusammenhang zwischen Mythos und Logos zu konstruieren, der durch seine Künstlichkeit von vornherein zum Scheitern verurteilt ist. Es wird vielmehr darauf ankommen, Erinnerungsarbeit zu leisten und den beiden streitenden Parteien ihre Gemeinsamkeiten wieder vor Augen zu führen.

---

1 Max Horkheimer/Theodor Adorno, Dialektik der Aufklärung, Amsterdam 1947, S. 10; 22.
2 A. Leitzmann (Hrsg.), Wilhelm Hulmboldts Werke, Berlin 1905 (Photomechanischer Nachdruck, Berlin 1968, Bd. 4, S. 47).

Dieses Vorhaben wird nicht irgendeine Art von Diplomatie erfordern, sondern die Bereitschaft zur Besinnung.

Die Menschen der Antike besaßen eine Fähigkeit, die dem modernen Menschen heute nicht mehr ohne weiteres verfügbar ist, die Fähigkeit der Beobachtung. In einer Umwelt, die dem sezierenden Verstand des Menschen noch nicht gänzlich ausgeliefert war, kam es darauf an, Strategien zu entwickeln, mit denen man sich die Natur dennoch verfügbar machen konnte. Die erste Stufe hierbei war die Beobachtung der Natur und ihrer für die Sinne wahrnehmbaren Gesetzmäßigkeiten sowie die Verwunderung darüber. Wettererscheinungen, die für den Landbau von Bedeutung waren, beobachtbare Verhaltensweisen von Tieren, die man für die Viehzucht nutzen konnte, und viele weitere, für das tägliche Leben bedeutsame Phänomene waren die Anfänge der verstandesmäßigen Beschäftigung mit der Natur. So profan die Zwecke auch waren, denen diese Beobachtungen dienten, der Grundstein für das, was wir Wissenschaft nennen, war gelegt.

Denn Beobachtung von und Verwunderung über etwas sind die Quellen, aus denen sich auch die moderne Wissenschaft speist. Nicht von ungefähr hat Aristoteles, einer der größten Wissenschaftler und Philosophen, den das Abendland hervorgebracht hat, diese Ursprünge menschlicher Erkenntnisfähigkeit mit den Worten umschrieben: „Durch das Sich-Verwundern begannen die Menschen heute wie früher, Wissenschaft zu treiben."[3] Die Menschen der Antike haben sich vermutlich häufiger über Phänomene in der Natur gewundert als wir; sie gaben ihrer Verwunderung auf unterschiedliche Art und Weise Ausdruck; sie waren neugierig, begeistert oder hatten Angst. Die Natur war für sie ein *fascinosum et tremendum*, etwas Faszinierendes und Angsteinflößendes zugleich. Aber neben dieser vom Gefühl geleiteten Einstellung zur Natur haben die Menschen der Antike – ähnlich wie alle Völker, die in engem Kontakt zur Natur leben – es vermocht, dieses Gefühl in ein System einzubinden, das die Natur vertrauter, menschlicher machen konnte, in das System des Mythos. Die Einordnung der Natur, ihrer Erscheinungen und Gesetzmäßigkeiten in die mythologische Weltdeutung konnte dabei aber nur gelingen, weil beide Phänomene – Natur einerseits und Mythos andererseits – nach den gleichen Funktionsprinzip arbeiten, nach dem Prinzip der Kausalität. Das Gesetz von Ursache und Wirkung ist das Erklärungsmuster, mit dem sich der Mensch seit alters her in der Welt des Mythos zurechtfand, und es ist dasselbe Erklärungsmuster, mit dem er nach dem Übergang vom Mythos zum Logos begann, Wissenschaft zu treiben. Die Frage nach dem *Warum* hat der Logos bei diesem Übergang vom Mythos übernommen.

Worüber wundert sich der Mensch heute? Kann er beobachten? Kann er überhaupt seine Sinne gebrauchen, um sich dann anschließend zu wundern?

---

3 Aristoteles, Metaphysik I, 982b.

Es scheint, als ob im modernen Menschen die Fähigkeit, selbst etwas in seiner Umwelt zu beobachten, verschüttet worden ist. In gewissem Sinne hat er selbst mit zur Schaufel gegriffen und kräftig mitgegraben. Denn die allgegenwärtige Verfügbarkeit von Informationen aus der und über die Umwelt und die allzu leichtverdauliche Präsentation von Weltinhalten mit Hilfe der Medien haben den modernen Menschen trotz aller Welt-Erfahrung verlernen lassen, selbst die Welt zu erfahren. Die Beobachtung von etwas und die Verwunderung über etwas sind die fundamentalen Arbeitsmethoden des menschlichen Geistes, die der moderne Mensch zwar nicht verloren hat, denn sie sind ein Teil seiner selbst, die er aber unter all dem bröckelnden Putz modernen Schnelldenkertums wieder hervorkratzen muss.

Der heutige, teilweise hochtechnisierte Umgang mit der Umwelt und einigen Fachgebieten der Biologie – z.b. der Genetik und Molekularbiologie – lässt den Menschen in der Industriegesellschaft immer mehr Abstand gewinnen von der unmittelbar erfahrbaren, ihn umgebenden Natur. Die Entfremdung des Menschen von seiner natürlichen Umwelt ist heute weit vorangeschritten, und die eigene Beobachtung und Erfahrung speziell der Tier- und Pflanzenwelt beschränkt sich meist auf biologische Exkursionen und Dokumentarfilme. Das Vertrauen in die eigene Wahrnehmung, die Geduld beim Beobachten von nicht vorgefertigten Bildern und das Gespür für das persönliche Eingebundensein in die natürliche Umgebung sind Fähigkeiten, die dem heutigen Menschen sehr aufwendig und unergiebig erscheinen. Der Mensch der Antike hingegen pflegte diese Fähigkeiten, weil er in die für ihn noch völlig unerklärte (unerklärliche?) Welt eine Ordnung zu bringen suchte. Das Beobachten seiner Umwelt war für ihn lebensnotwendig; das Beobachtete mit dem Kosmos der Mythologie zu verknüpfen, ließ dann eine ganz eigene Ordnung der Welt entstehen, die uns heute zwar auf den ersten Blick fremd geworden ist, die aber dem Bedürfnis auch des modernen Menschen entgegenkommt, in der Welt ein organisiertes Ganzes zu erkennen.

Das vorliegende Buch streift mit den Verwandlungssagen aus der griechisch-römischen Mythologie nur einen Teil dessen, was Mythos bedeutet. Es sind sogenannte aitiologische Verwandlungssagen, die Naturphänomene – im vorliegenden Fall die Entstehung von Tier- und Pflanzenarten – durch den Mythos erklären wollen. Auch wenn diese Sagen nur einen kleinen Bereich der mythologischen Erzählungen insgesamt ausmachen, so bieten sie doch die Möglichkeit, die Erklärungsansätze antiker Naturmythologie und die Erkenntnisse der modernen Biologie zu vergleichen, ihre Gemeinsamkeiten hervorzuheben und dadurch letztlich auch Mythologie und Wissenschaft wieder einander näherzubringen.

Das Buch hat deshalb neben dem erbaulichen Charakter der Sagen auch einen didaktischen Anspruch, ganz im Sinne des römischen Dichters Horaz, der schon vor rund 2000 Jahren forderte, man solle doch das Nützliche mit dem Angenehmen verbinden. Der Leser wird in den Verwandlungssagen das spannungsreiche Zusammenspiel von Phantasie und vermeintlich verifizierbarer Welt erfahren, das die antike Mythologie zu einem bewundernswerten und faszinierenden Gegenstand werden lässt. Das ist das Angenehme. Zum anderen soll der Leser die genaue Beobachtungsgabe des antiken Menschen, die jeder Verwandlungssage zugrunde liegt, kennen- und schätzen lernen. Das genaue, geduldige Beobachten von Pflanzen und Tieren, ihrer Gestalt und ihrer Lebensweise soll den heutigen Menschen nicht nur mehr Kontakt zur Natur wiedererlangen lassen, sondern ihn auch lehren, seine Umwelt insgesamt wieder selbständig und im Vertrauen auf die eigene Wahrnehmung zu erfahren und für sich zu deuten. Das ist das Nützliche.

Die Menschen der Antike hatten die Eigenarten von Tieren und Pflanzen beobachtet, waren verwundert und haben schließlich die Frage nach dem *Warum* des Beobachteten beantwortet, indem sie die Antwort in den Mythos eingliederten. So entstand ein System, das den Vergleich mit dem des Logos nicht zu scheuen braucht. Denn der Logos, also das, was die Wissenschaft heute als das ihr allein obliegende Arbeitsprinzip beansprucht, wäre ohne die gedankliche Vorarbeit des Mythos, wäre ohne Beobachtung, ohne Verwunderung nicht möglich gewesen. Die Verwunderung über etwas Beobachtetes und das Einordnen dieses Beobachteten in ein Kausalitäts-System sind die gemeinsamen Wurzeln von Mythos und Logos. Der Mythos kann also dem modernen Menschen – so paradox es sich anhört – die Grundlagen des Logos vermitteln, die Grundlagen dessen, was Kant einst *sapere aude!* nannte: Wage es, Deinen Verstand zu benutzen!

Der Titel dieses Buches lautet *Das Mythische in der Natur*; er trägt in sich einen Zweifel an der Selbstverständlichkeit, mit der die moderne Wissenschaft ihren Anspruch auf „Weltherrschaft" verficht. Darwins Theorie von der Entstehung der Arten, die die gesamte Biologie revolutionierte, ist heute zur Legitimation nicht nur biologischer, sondern überhaupt naturwissenschaftlicher und technischer Überheblichkeit geworden. Mit den hier erzählten Verwandlungssagen bekommt die antike Mythologie Gelegenheit, sich mit ihren Naturerklärungen neben diejenigen der modernen Biologie zu stellen. Vielleicht ist dies ein Ansatz, den unüberwindbar scheinenden Gegensatz zwischen Mythos und Logos als einen selbstgeschaffenen zu enthüllen. Vielleicht verhilft diese Enthüllung dem Leser dazu, die Natur wieder in einer anderen, heute fast vergessenen oder gemiedenen Dimension zu entdecken. Und vielleicht ermöglicht es diese Dimension der Biologie – als Lehre vom Leben – sowie allen Wissenschaften von der Natur, nicht nur der Erforschung der Welt, sondern auch der Deutung der Welt ein Stück näherzukommen.

Vorausgesetzt, all dies mag gelingen, so wird doch immer ein Teil der Welt bleiben, der bei aller Wissenschaft, bei aller Philosophie und bei aller Mythologie für den Menschen nicht zu erkennen, nicht zu erforschen ist. Dieser Teil wird für jeden Menschen ein ganz eigener sein. In diesem Bewusstsein hat der Mensch immer gelebt, und er wird auch zukünftig immer damit zu leben haben. Und vielleicht ist dies nicht einmal zu seinem Schaden. Goethe jedenfalls macht uns Mut, wenn er sagt: „Das schönste Glück des denkenden Menschen ist, das Erforschliche erforscht zu haben und das Unerforschliche ruhig zu verehren."[4] Als ein Wegweiser zu diesem Ziel diene dieses Buch.

---

4 Johann Wolfgang von Goethe, Naturwissenschaftliche Schriften, Bd. 11: Zur Naturwissenschaft. TH. 1: Allgemeine Naturlehre. Weimar 1893, S. 159.

Die Biologie in der Antike

Die Fähigkeit zur Ausbildung dessen, was wir Wissenschaft nennen, scheint sich aus drei Quellen zu speisen. Zum einen bedarf es einer gewissen Notwendigkeit, sich gegen die Widrigkeiten der Umwelt zur Wehr zu setzen und so das Überleben zu sichern. Zum anderen muss ein bestimmtes Maß an Neugierde vorhanden sein, das den Umgang mit der Welt erlernbar macht. Diese beiden Voraussetzungen allerdings sind – mit gewissen quantitativen Unterschieden – sowohl beim Tier als auch beim Menschen vorhanden. Was den Menschen letztlich dazu befähigt, diese grundsätzlichen Verhaltensweisen zum System der Wissenschaft auszubauen, ist die dritte Quelle, der Verstand.

Mithilfe dieser drei Wissenschaftsquellen hat es der Mensch schon in der Frühzeit seiner Geschichte vermocht, die Natur zu beobachten. Schon lange gehörte es zu den täglichen Aufgaben, tierische Nahrung durch die Jagd zu beschaffen und sich mit den unterschiedlichsten Krankheiten auseinanderzusetzen. Seit der Jungsteinzeit begann man, nützliche Pflanzen zu kultivieren. Das Bild, das sich der Mensch in dieser Zeit von der Welt machte, ging aber über eine nutzbringende Beobachtung der Natur nur insofern hinaus, als er die natürlichen Erscheinungen mit dem Vorhandensein von göttlichen Kräften in Verbindung brachte; die eigentlichen Ursachen für die Naturphänomene waren noch durch den Glauben an Geisterkräfte verdeckt, die Natur und all ihre Teile waren für ihn beseelt. Auch die frühen Hochkulturen der Sumerer, Babylonier und Ägypter vermochten es trotz recht intensiver Kenntnis medizinischer, mathematischer und astronomischer Phänomene nicht, erklärende Systeme für diese zu erarbeiten.

Erst die Griechen begannen, angeregt durch die Übernahme dieser vorwissenschaftlichen Kenntnisse, die Erfahrungen vorangegangener Kulturen und Generationen mit ihren eigenen Wahrnehmungen zu vergleichen und die sich daraus ergebenden Informationen zu erklären. Die großen Epen Homers – die Ilias und die Odyssee – sind die ersten schriftlichen Zeugnisse der europäischen Kultur und entstammen noch der animistischen Tradition, die das Walten der Natur auf das Handeln von Göttern zurückführte. Doch vielleicht war es auch gerade der in diesen Epen geschilderte Polytheismus, der die Entstehung von Philosophie und Wissenschaft ermöglichte. Denn kein übermächtiger Gott und keine machtbesessene Priesterschaft hat die Griechen je davon abgehalten, die mythischen Erklärungsmuster in Frage zu stellen und zu einer natürlichen Erklärung der Welt und ihrer Veränderungen zu gelangen. Mit der von Griechenland ausgehenden Kolonisation des Mittelmeerraumes, vor allem im 8. und 7. Jh. v. Chr., mit dem Aufblühen von Handelsstädten, insbesondere an den Küsten Kleinasiens, Siziliens und Unteritaliens, sowie mit den politischen Umwälzungen beim Übergang von der Adelsherrschaft zu demokratischen Verfassungen setzte sich in Griechenland ein geistiges Klima durch, das es erlaubte, die Ordnung der Welt durch natürliche und durch den Verstand begründbare Prinzipien zu erklären. In Milet, einer der reichsten Hafenstädte der ionischen Mittelmeerküste, begann im 6. Jh. v. Chr. der Aufbruch in eine Zeit, in der der Mensch sich seines Verstandes und dessen Möglichkeiten zum Erkennen und Erklären der Welt immer mehr bewusst wurde. Diese Stadt Kleinasiens war die Wiege der abendländischen Philosophie, der Wissenschaft – und damit auch der Biologie.

Thales aus Milet (um 624 546 v. Chr.) ist der erste für uns fassbare Denker der Antike, der sich von den theologischen Vorstellungen der Welterklärung zu lösen begann. Zusammen mit anderen Philosophen, die es ihm in den nächsten rund 200 Jahren gleichtaten, zählt er zu den sog. Naturphilosophen, die die Entstehung der Welt und die Vorgänge in der Natur auf natürliche Ursachen zurückführen wollten. Die Lehrmeinungen der einzelnen Naturphilosophen hier im Einzelnen darzustellen, würde den Rahmen dieses Überblicks sprengen. Entscheidend ist, dass sie alle ihre wissenschaftlichen Untersuchungen und Beobachtungen in eine Kosmologie eingliederten, also in ein System der Welterklärung, in dem die Philosophie neben der wissenschaftlichen Beobachtung eine gleichberechtigte Rolle spielt. Gemeinsam war ihnen auch, dass sie für den Ursprung der Welt und die Natur einen Urstoff oder ein Urprinzip suchten, aus dem sich alle existierenden Dinge entwickelt haben. Die einzelnen Philosophen nahmen z. T. einen jeweils anderen Urstoff bzw. ein anderes Urprinzip an. Für Thales war es das Wasser, für seinen Schüler *Anaximander* (um 611–546 v. Chr.) ein Prinzip, das er als *apeiron*, als das Unendliche, Unbegrenzte und Unbestimmte bezeichnete. *Anaximenes* (um 585–525 v. Chr.) wiederum postulierte als Urstoff die Luft. So etablierten sich im Zuge der Naturphilosophie Feuer, Luft, Wasser und Erde als die vier diskutierten Urelemente in den unterschiedlichen Kosmologien. Erst *Empedokles* (um 492–432 v. Chr.) stellte alle vier Elemente gleichberechtigt nebeneinander. Seiner Auffassung zufolge werden die vier Elemente durch die beiden widerstreitenden Kräfte Liebe und Hass zu den Dingen der Welt und der Natur geformt.

Wahrscheinlich schon vor Empedokles waren aus den Eigenschaften der vier Elemente die vier Grundqualitäten des Warmen, Trocknen, Kalten und Nassen abgeleitet worden; *Zenon aus Elea* (um 490–430 v. Chr.) formte diese Qualitäten zu einem eigenen System, nach dem alle Dinge der Welt und der Natur aus der Umwandlung der vier Grundqualitäten entstehen. Zusammen mit der Atomlehre des *Demokrit* (um 455–370 v. Chr.) sollte die Vorstellung von den vier Urelementen bzw. den vier Grundqualitäten auch auf die parallel verlaufende Entwicklung der antiken Medizin einen entscheidenden Einfluss ausüben. Vor allem in der Schule des berühmten Arztes *Hippokrates* (um 450–377 v. Chr.) wurde an der Aufstellung eines Viererschemas zur biomedizinischen Erklärung der menschlichen Physiologie gearbeitet. Demnach bestimmen Blut, Schleim, gelbe und schwarze Galle in ihren unterschiedlichen Mischungen und in Abhängigkeit von Umweltbedingungen Gesundheit und Krankheit des Menschen. Diese auch als Säftelehre oder Humoralpathologie bezeichnete Theorie war nicht nur in der Antike das allgemein verbreitete Erklärungsmodell körperlicher Befindlichkeit, sondern wurde auch zur Grundlage der mittelalterlichen Heilkunde und förderte später das Aufleben der Anatomie und der Physiologie in der Renaissance. Die auf *Alkmaion von Kroton* (um 570–500 v. Chr.) zurückgehenden, recht unterschiedlichen Zeugungs- und Vererbungslehren der Antike waren insofern bemerkenswert, als ihre Theorien nicht in eine jeweilige Kosmologie eingeordnet waren, sondern rein physiologische, auf den menschlichen Körper bezogene Ursachen für Zeugung und Vererbung verantwortlich machten. Selbst *Charles Darwin* stand mit seiner Pangenesistheorie noch unter dem Einfluss dieser antiken Lehren.

Allen an der Naturforschung interessierten, bisher genannten Philosophen war ein deduktives Vorgehen beim Erkennen der Natur gemeinsam. Sie schufen philosophisch überformte Theorien, die ihnen letztlich den Weg zu einer eigentlichen Wissenschaft von der Natur versperrten. Erst im 4. Jh. v. Chr. sollte ein Philosoph sich dieser Problematik annehmen und die gesamte Lehre von der Erkenntnisfähigkeit des Menschen nachhaltig beeinflussen – unter anderem auch die Biologie. Dieser Philosoph war *Aristoteles*.

Der Beitrag, den *Aristoteles* (384–322 v. Chr.) zum Verständnis der Natur geleistet hat, ist in der Antike einmalig. Umfangreiche biologische Forschungsarbeiten – unter anderem an Meeresorganismen auf der Insel Lesbos – sind die materielle Grundlage seines Naturverständnisses. Sein besonderes Interesse galt der Zoologie: 500 Tierarten hat er beschrieben, hat selbst Tiere seziert, ihren Aufbau verglichen und sie nach Unterscheidungsmerkmalen geordnet. So ist er zum Begründer der vergleichenden Methode in der Wissenschaft geworden. Neben seinen zoologischen Hauptwerken (u.a. *Naturgeschichte der Tiere, Über die Teile der Tiere, Über die Bewegung der Tiere*) hat Aristoteles auch ausführliche Schriften über die Zeugungs- und Vererbungslehre verfasst; ein möglicherweise von ihm stammendes Werk *Über die Pflanzen* ist verloren. Doch nicht nur die nahezu unübersehbare Fülle an gesammeltem und ausgewertetem Material ist entscheidend für die Stellung, die Aristoteles in der Biologie einnimmt, sondern auch seine Grundhaltung bezüglich des Umgangs mit der natürlichen Welt an sich. Denn im Gegensatz zu seinem langjährigen Lehrer *Platon* (427–347 v. Chr.) maß Aristoteles der Beobachtung beim Erkennen der Welt eine vorrangige Bedeutung bei. Platon hatte alles Irdische als Abbild einer ideenhaften Wirklichkeit gesehen und deshalb die Erkenntnisfähigkeit des Menschen mithilfe der Sinne in den Bereich der Spekulation verwiesen. Die Beobachtung der Welt konnte für Platon keine Erkenntnis bringen, da alles Beobachtbare ja nicht der Wirklichkeit entsprach. Die Begriffe von den Dingen – die Ideen – waren für Platon die Wirklichkeit, eine Philosophie, die sich lähmend auf jegliche, empirische Wissenschaft auswirkt. Aristoteles dagegen löste sich von dieser Überzeugung seines Lehrers und sprach den irdischen Dingen wieder eine eigenständige Realität zu, eine Realität, der man sich vor allem mit der Beobachtung nähern konnte. So hielt er die sinnliche Wahrnehmung für die Hauptquelle der menschlichen Erkenntnisfähigkeit. An dieser Grundüberzeugung sollte sich seine gesamte Arbeitsweise ausrichten: Er wollte erst die Erscheinungen in der Natur wahrnehmen, dann darstellen und schließlich theoretische Fragestellungen nach den Ursachen und dem Entstehen derselben erörtern. Das Besondere an Aristoteles war, dass er aus den Beobachtungen der Natur allgemeine Gesetze ableitete. Damit förderte er die induktive Arbeitsweise. Obwohl er so die Grundlagen der biologischen Forschung schuf, besaß die Biologie auch bei Aristoteles letztlich ein etwas spekulatives Element; denn er nutzte die Beobachtungen, um seine teleologische Betrachtungsweise der Natur zu untermauern. Er baute dafür die Elementenlehre seiner Vorgänger aus: Während er die irdische Welt als aus den vier Elementen des Empedokles entstanden ansah, schrieb er der göttlichen Welt den Äther als fünftes Element zu. Weiterhin verband Aristoteles die vier Elemente Feuer, Luft, Wasser und Erde mit den vier Qualitäten Warm, Trocken, Kalt und Nass. Seiner Überzeugung nach wirken die einzelnen Elemente bei ihrer Mischung durch die ihnen eigenen Qualitäten aufeinander ein und liefern so die Ursachen für das Entstehen und Vergehen in der Natur. Doch in der Natur liegt zunächst nur die reine Materie vor, die erst durch das Prinzip der Bewegung zur Form gebracht werden muss. Denn die Bewegung war für Aristoteles die Ursache aller Veränderungen in der Welt. Um Materie zu bewegen und zu formen, bedarf es einer bewegenden Kraft, eines gestaltenden Prinzips. Dieses gestaltende Prinzip ist die reine Form, die Zweck und Endziel der Dinge zugleich ist. Zwischen der reinen Form und der formlosen Materie, also den beiden Extremen, erstreckt sich die individuelle Wirklichkeit. Nach dieser teleologischen Betrachtungsweise herrscht in der unbelebten Natur die Materie über die Form, in der belebten Natur dagegen steht die Form über der Materie. Je stärker also die Form über die bloße Materie herrscht, desto komplexer sind auch die Lebewesen. So kam Aristoteles zu einer stufenförmigen Einteilung der Natur, bei der die Pflanzen an unterster Stelle stehen. Ihnen folgen die Tiere und schließlich der Mensch als höchstes Lebewesen. Während die Pflanzen nur die vegetative Seele besitzen und damit nur zu Ernährung und Fortpflanzung fähig sind, besitzen die Tiere darüber hinaus auch noch die Sinnenseele, die Empfindungen ermöglicht. Der Mensch hat als einziges Lebewesen zusätzlich noch die Vernunftseele, die ihn über alle Lebewesen erhebt. Dementsprechend sind die Lebewesen von ihrer Komplexität her zwar geordnet, ein Übergang von einer unteren zu einer höhere Lebensform war für Aristoteles allerdings nicht möglich. So war die Welt des Aristoteles eine statische, und die Möglichkeit einer als Evolution zu bezeichnenden Entwicklung der lebendigen Welt hat es für ihn nie gegeben.

Mit Aristoteles stand die Biologie der Antike im Zenit ihrer Entwicklung. Das umfangreiche biologische Material, das er gesammelt hatte, seine sich auf die Beobachtung stützende, induktive Arbeitsweise und der Überblick, den er über die belebte Natur gegeben hat, stellen eine einmalige Leistung in der Antike dar. Sie machten Aristoteles zum ersten Naturwissenschaftler und zum größten Biologen der Antike, dem erst Darwin an Bedeutung gleichkommen sollte.

Was Aristoteles für die Zoologie geleistet hat, hat sein Schüler *Theophrast* (371– 285 v. Chr.) in ähnlicher Weise für die Botanik getan. Seine zoologischen Schriften sind nicht erhalten, aber dafür die umfangreichen Werke *Über die Ursachen der Pflanzen* und *Naturgeschichte der Pflanzen*. Theophrast kommt das Verdienst zu, eine botanische Terminologie und eine Einteilung des Pflanzenreiches geschaffen sowie die botanische Morphologie und Physiologie als Teildisziplinen der Botanik begründet zu haben. In seiner induktiven Arbeitsweise folgte Theophrast seinem Lehrer, denn auch für ihn war die Beobachtung das zentrale Element der Forschung.

Erst lange nach Theophrast wird im Rom des 1. Jh.s n. Chr. wieder etwas geschaffen, was für die Entwicklung der Biologie von Bedeutung war. *Plinius Secundus* (23–79 n. Chr.), eigentlich ein Verwaltungsbeamter und Militär, machte es sich zur Aufgabe, das gesamte damalige Wissen über die Natur zu sammeln und darzustellen. In 37 Büchern ist seine *Naturgeschichte* überliefert. Mehr Sammler als Wissenschaftler schöpfte Plinius bei seinen Darstellungen in reichem Maße aus den Werken anderer Schriftsteller und stellte eine enzyklopädische Naturgeschichte zusammen, die ihresgleichen sucht. Ein Zeitgenosse des Plinius, der Militärarzt *Dioskurides* (1. Jh. n. Chr.), legte in seiner Schrift *Materia medica* von seiner umfangreichen Kenntnis der pflanzlichen und tierischen Heilmittel Zeugnis ab. Zu Recht wird er der berühmteste Pharmakologe des Altertums genannt. Sein Wissen über die Heilkräfte der Natur hatte einen nicht zu unterschätzenden Einfluss auf die europäische Medizin bis weit über das Mittelalter hinaus. Der letzte große Biologe des Altertums war ebenfalls Arzt. *Galen* (129–199 n. Chr.) griff auf die Säftelehre des Hippokrates zurück und brachte sie in eine systematische Form. Seine nahezu unzähligen Werke über die Medizin beinhalten Gesamtdarstellungen so entscheidender Disziplinen wie Anatomie, Pathologie und Physiologie. Das ganze Mittelalter über schöpfte man aus diesem Wissensschatz, und der Einfluss seiner Werke war noch im 19. Jh. zu spüren. Mit Galen endete für lange Zeit die Entwicklung der Naturerforschung.

Das Interesse an dem Teil der Natur, der nicht mit der Medizin zu tun hat, schwand nun zusehends. Es sollte mehr als ein Jahrtausend dauern, bis man die Natur in der Umgebung des Menschen wieder betrachtenswert fand und sich der Erforschung der *Um-Welt* widmete. Die zielgerichtete Entwicklung zu dem, was wir heute Biologie nennen, sollte dann erst mit der Renaissance beginnen – mit der Wiedergeburt der Antike.

Kult, Religion und Mythos in der Antike

Wenn heute auch nicht mehr jedem die Sagen des klassischen Altertums in ihrem jeweiligen Handlungsablauf bekannt sind, so rufen die Namen vieler antiker Götter und mythologischer Gestalten dennoch Assoziationen hervor, die durch keine andere Erklärung, durch kein anderes Wort besser beschreibbar erscheinen als durch eben diese Figuren der Mythologie: Aphrodite und Helena, Ödipus und Narziss, Odysseus und Adonis – um nur einige wenige zu nennen – sind nicht nur handelnde Personen in Erzählungen aus der Vergangenheit; sie sind vielmehr symbolhafte Abbilder seelischer Welterfahrung der Menschen des Abendlandes.

Begibt man sich – ohne die unter Umständen arrogante Aufgeklärtheit der Gegenwart – in die Welt der antiken Sagen, so tauchen die mythologischen Figuren aus der Vergangenheit auf und werden in ihrer Persönlichkeit lebendig. Dabei erscheinen nicht nur die Situationen und Handlungen seltsam vertraut, sondern auch die Charaktere, Gefühle und Motive der beteiligten Gestalten. Man denkt nicht unmittelbar an die Jahrtausende währende kulturelle Rezeption dieser mythischen Stoffe, sondern spürt zuallererst eine tiefe Berührung, die auf den Grund der Seele hinabzureichen scheint. Denn die in den antiken Mythen dargestellten Geschehnisse behandeln oft die „letzten Fragen", die der antike Menschen über sich und die ihn umgebende Welt stellte. Dass die antiken Sagen heute noch faszinieren, ist deshalb verständlich, weil die Fragen und Sehnsüchte, Gefühle und Wünsche des heutigen Menschen denen des antiken Menschen ähnlich sind. Dass die antike Mythologie aber zum Teil geradezu lebendig anmutet, mag dennoch verwundern. Denn die antiken Sagen haben bis heute einen nicht nur zeitlich, sondern auch kulturell langen Weg zurückgelegt. Trotz aller philosophischen und religiösen Anfeindungen, denen die antiken Mythen durch die Jahrtausende hindurch ausgesetzt waren, haben sie es dennoch vermocht, bis heute zu überleben.

Die Wurzeln der antiken Mythologie reichen in die vorhistorische Zeit zurück. Zerstreut über den gesamten griechischen Mittelmeerraum existierte eine Vielzahl von unterschiedlichen, an den jeweiligen Ort gebundenen Götterkulten. Gegenstand göttlicher Verehrung waren oft Naturerscheinungen, von denen man glaubte, dass sich in ihnen ein Gott manifestiere. Aber auch die Verehrung von Göttern in der Gestalt von Tieren (Theriomorphismus) und Bäumen sowie der Dämonenglaube spielten eine wesentliche Rolle. Die einzelnen griechischen Staaten und Volksstämme, die zu dieser Zeit sozial wie kulturell sehr unterschiedlich weit entwickelt waren, schufen jeweils eigene, der lokalen Tradition verpflichtete Kulte. Daher ist es schwierig, von einer einheitlichen griechischen Religion zu sprechen.

Noch in vorhomerischer Zeit, also vor dem 8. Jh. v. Chr., wurden die vielen lokalen Gottheiten durch wenige, menschengestaltige Götter ersetzt. Die Funktionen und Zuständigkeiten der lokalen Gottheiten gingen in denen der mächtigeren auf. Diese mächtigeren Götter waren seit jeher mit den elementaren Erfahrungen und Aufgaben des menschlichen Lebens verbunden: Zeus herrschte über Wetter, Blitz und Donner, Poseidon war Herr über die Meere und Urheber von Erdbeben, Hera schützte Frauen und Stadt. Artemis herrschte über die Natur und trug Verantwortung für das Gelingen der Jagd. Obwohl die Götter im gesamten griechischen Raum zahlenmäßig reduziert und zum Teil vereinheitlicht wurden, entstand dennoch keine stammesübergreifende Institution, die man ohne weiteres als Religionsgemeinschaft bezeichnen könnte. Es entwickelte sich aus der kultischen Verehrung der Götter auch keine Theologie, die versucht hätte, die Glaubens- und Offenbarungsvielfalt zu erfassen, zu systematisieren und daraus eine allgemeinverbindliche Götterlehre zu schaffen. Ebenso wenig gab es eine organisierte griechische Priesterschaft. So hielten die einzelnen griechischen Staaten und Volksstämme in der Ausübung des Glaubens und der Aufstellung von göttlichen Lehren weiterhin an ihren aus der Zeit der Vorfahren stammenden Traditionen fest.

Die Kulte und Götterverehrungen in vorhomerischer Zeit waren zum überwiegenden Teil dadurch entstanden, dass sich ein Gott den Menschen in einer Situation helfend oder strafend gezeigt hatte. Die Erinnerung an diese Begebenheit wurde durch Zeremonien aufrechterhalten. *Heilige Reden* berichteten von den Geschehnissen, durch die sich ein Gott den Menschen zu erkennen gegeben hatte. Aus diesen *heiligen Reden* entstand im Laufe der Zeit eine Art Biographie des jeweiligen Gottes. Eine künstliche Ausweitung der Götterbiographien über das durch die Offenbarung begründete Maß hinaus ließ ein System von Göttern entstehen, das zum Teil nicht mehr durch den Glauben gedeckt war. Lücken in diesem System wurden mit Göttern oder Gestalten geschlossen, für die es entweder gar keine oder nur in sehr begrenztem Umfang Kulte gab. Dadurch aber verlor der Kult, verlor der Glaube seine Eigenständigkeit – es entstand der *Mythos*.

Die ersten schriftlichen Darstellungen dieses Systems von Göttern und Helden schufen die großen Dichter Homer und Hesiod. Obwohl nicht ohne weiteres – wie oben dargestellt – von einer griechischen Religion gesprochen werden kann, haben sie mit ihrer Dichtung doch etwas geschaffen, das einen Eindruck von dem vermitteln kann, was für die Griechen zu dieser Zeit religiöses Gemeingut bedeutete. Homers *Ilias* und *Odyssee* sowie Hesiods *Theogonie* – die Entstehungsgeschichte der antiken Götter – sind eine dichterische Ausschmückung der Göttererscheinungen und die Einordnung derselben in ein genealogisches System. Diese später als „homerische" Religion bezeichneten Göttervorstellungen gründeten sich auf einen Anthropomorphismus, bei dem die einzelnen Götter zwar mit göttlichen Kräften und Fähigkeiten ausgestattet waren, der ihnen aber vor allem das Aussehen und auch die Schwächen der Sterblichen verlieh. Zudem wurden die Götter in ein Ordnungssystem eingegliedert, das durch entsprechende Erzählungen familiäre Verhältnisse zwischen ihnen schuf. Standen die einzelnen Götter zuvor in ihren Bereichen noch nahezu isoliert nebeneinander, so waren sie jetzt durch Geburt, Ehe und Freundschaft fest miteinander verbunden.

Der Umstand, dass in den Werken Homers und Hesiods das Familiensystem der Götter voll ausgebildet war, lässt darauf schließen, dass schon vor der Zeit Homers die meisten großen Götter in ihren Charaktereigenschaften und Lebensgeschichten weitestgehend ausgeprägt waren. Oft ist allerdings nicht deutlich zu erkennen, inwieweit Homer und Hesiod die einzelnen Erzählungen abgeändert oder auch mythische Überlieferungen aus dem kretisch-mykenischen und dem altorientalischen Kulturkreis übernommen haben.

Obwohl angenommen werden darf, dass die in der *Ilias*, der *Odyssee* und der *Theogonie* dargestellten Göttervorstellungen die Gesamtheit der griechischen Kulte stark beeinflusst, wenn nicht sogar umgeformt haben, so bleibt doch unklar, wie sich die Beziehung von Mythos und Kult gestaltete. Denn die anthropomorphe Sichtweise der Götterwelt thematisierte auch Konflikte zwischen den einzelnen Göttern: So lag Hera in den verschiedensten Mythen oft genug im Streit mit ihrem Gatten Zeus über dessen ständige Liebschaften mit anderen Göttinnen oder sterblichen Schönen. Dass Hera und Zeus das Königspaar der „homerischen" Göttergesellschaft waren, machte den jeweiligen Ehestreit noch pikanter. Ob Verwandtschaftsgrade, Liebschaften und Konflikte zwischen den Mitgliedern der dichterischen Götterfamilie den Glauben der Menschen und die Ausübung der Kulte in negativer Weise beeinflussten, lässt sich heute nicht mehr sagen. Für einige griechische Philosophen aber sollte dieses Allzumenschliche der homerischen Götter später Anlass genug sein, gegen die Unsittlichkeit und Gottlosigkeit des Mythos argumentativ zu Felde zu ziehen.

Der von Homer und Hesiod dargestellte Mythos wurde in der griechischen Klassik und auch noch bis in hellenistische Zeit weiter ausgeformt. Vor allem die attische Tragödie bezog in der klassischen Periode ihre Stoffe im Wesentlichen aus dem Mythos und formte sie ihren Intentionen entsprechend um. Aber auch die hellenistische Epik und die Kurzdichtung bedienten sich der

Götter- und Heldengeschichten, um ihr Publikum zu unterhalten. Mythologische Erzählungen und Charaktere wurden detailliert ausgeschmückt, Fehlendes ergänzt. Wie sich bei den einzelnen Autoren das Verhältnis von übernommenem Erzählgut und freier Erfindung gestaltete, kann heute nicht mehr sicher unterschieden werden.

Die schier unendliche Fülle an unterschiedlichen Mythen und Mythenvariationen erforderte im Laufe der Zeit immer mehr eine Systematisierung der Gestalten und Erzählungen. So machten es sich schon seit dem 6. Jh. v. Chr. belesene Autoren zur Aufgabe, die durch die epische Dichtung gegebene Überlieferung von Mythen in systematischer Form darzustellen. Diese sog. Mythographen versuchten, Ordnung in das mittlerweile unübersichtlich gewordene mythologische Schrifttum zu bringen und dieses auch zu kommentieren.

Ebenfalls schon im 6. Jh. v. Chr. begann eine andere geistige Auseinandersetzung mit den tradierten Mythen. Die sog. Mythenkritik befasste sich mit dem durch den Anthropomorphismus sehr profan-menschlich dargestellten Göttern nicht nur in sehr kritischer Weise, sondern forderte in letzter Konsequenz schließlich auch eine Abkehr von dem als oberflächlich bezeichneten Mythos überhaupt. *Xenophanes aus Kolophon* (570–475/470 v. Chr.) war der erste Denker der Antike, der in den von Homer und Hesiod vermittelten Mythen logische Widersprüche aufzudecken vermochte. Für ihn gebe es nur einen Gott, der weder menschliche noch tierische Gestalt besitze, sondern alles mit seinem allgegenwärtigen Wesen durchdringe und lenke. Damit wandte sich Xenophanes als der erste konsequente Logiker gegen Wunder, Mystik und besonders gegen den Anthropomorphismus des Mythos. Diese Kritik des Xenophanes wurde vor allem von Platon (427–347 v. Chr.) aufgenommen und weitergeführt, der den Mythos als unsittlich und verlogen verwarf. In seinem Idealstaat hatten die Mythen Homers keine Existenzberechtigung.

Einen anderen Weg der Mythenkritik beschritt der Philosoph und Schriftsteller Euhemeros (um 340/260 v. Chr.). Er sah in den homerischen Göttern nur sterbliche Helden der Vorzeit. Diese Helden hatten durch die göttlichen Namen gegenüber ihren Untertanen eine außerordentliche Stellung erhalten und wurden in späterer Zeit schließlich als Götter verehrt. Eine solche Historisierung hätte dann allerdings das Ende aller Mythen bedeutet. Doch weder der Euhemerismus noch die anderen philosophischen Strömungen, die den Mythos zu entzaubern suchten, haben sich gegen ihren selbsternannten Feind durchsetzen können. Denn die Bedeutung, die Homer und Hesiod sowie der durch sie angeregten Dichtung zukam, ist durch die Angriffe der Philosophie bis zum Ende der Antike nicht erschüttert worden.

Die Römer zeigten weit weniger Phantasie beim Erschaffen von Mythen. Obwohl man, im Gegensatz zu Griechenland, durchaus von der durchorganisierten Religion eines gesamten Staates sprechen kann, hat es bei den Römern nie annähernd eine so vielfältige Ausgestaltung der Offenbarungen gegeben wie bei den Griechen. Kulte und religiöse Zeremonien waren in Rom weitgehend entblößt von mythologischen Zusammenhängen. Spätestens im 4. Jh. v. Chr. wurde die griechische Mythologie in Rom bekannt. Dichtung und bildende Kunst der Griechen drangen in die gebildete römische Gesellschaft ein und vermittelten den sonst so praktisch orientierten Römern die griechische Kultur – auch die der Mythendichtung. Obwohl in Italien die heimischen Götter den griechischen allmählich in der Funktion angeglichen wurden, blieben die traditionell italischen Kulte von den neuen Göttervorstellungen weitgehend unbeeinflusst.

So ist eine rein römische Mythologie sowohl im Kult als auch in der Literatur nur schwer fassbar; zu stark sind die einzelnen Erzählungen von etruskischen und griechischen Einflüssen durchsetzt. Auch die durch die griechische Kolonisation in Unteritalien vermittelten orientalischen Sagen fanden in der Mythologie der Römer ihren Niederschlag. Selbst die großen römischen Dichter Ovid und Vergil griffen bei ihrem Schaffen auf die Götter Homers und Hesiods zurück: Nur durch die griechische Anregung konnte Ovid mit den Metamorphosen eine der schönsten Darstellungen der antiken Mythologie schaffen und Vergil in der Aeneis die gesamte römische Geschichte zu einem einzigen großen Mythos formen.

Mit dem Eindringen des Christentums in die griechisch-römische Welt begann das Ende einer anthropomorphen Vielgöttervorstellung, nicht nur in philosophischer, auch in religiöser Hinsicht. Eine monotheistische Religion hatte keinen Platz für die Eskapaden und Streitigkeiten einer undisziplinierten Götterfamilie. Gegen eine mittlerweile glaubensleer gewordene Mythologie setzte das Christentum etwas, das der antiken Religion nicht zur Verfügung stand: Trost, Vergebung der Sünden und den Glauben an einen allmächtigen Gott. Nur in der bildenden Kunst und der Literatur konnten die antiken Mythen bis heute lebendig bleiben.

Auf dem langen Weg von der Frühzeit des Mittelmeerraumes bis zum Ende des 20. Jahrhunderts haben die antiken Mythen nichts von ihrer Lebendigkeit verloren. Auch die in ihnen bewahrten Geschehnisse und Gestalten haben für den modernen Menschen immer noch die Symbolkraft, die sie auch für die Menschen der Antike besaßen. Dass sich Kunst und Literatur auch heute noch mit den Mythen der Antike auseinandersetzen, macht deutlich, dass sie mehr sind als spannende Geschichten aus einer längst vergangenen Zeit. In ihnen sind menschliche Urerfahrungen aufgezeichnet: Urerfahrungen, nicht nur der damals über den Mittelmeerraum verstreuten Völker, sondern auch der menschlichen Seele an sich.

Die antike Götterwelt

Am Anfang war das Chaos, das jeglichen Raum und jegliche Zeit erfüllte. Nichts existierte außer ihm. Aus dem Chaos aber bildete sich schließlich Gaia, die Mutter Erde. Sie erschuf aus sich selbst heraus Uranos, den Himmel. Gaia und Uranos vermählten sich und zeugten viele Nachkommen. Zu ihnen gehörten die hundertarmigen Riesen, Wesen von unglaublicher Größe und Kraft, sowie die einäugigen Kyklopen. Ebenso entstammte der Verbindung von Gaia und Uranos das Göttergeschlecht der Titanen. Uranos aber hasste die hundertarmigen Riesen und die Kyklopen, weil er meinte, sie würden eines Tages mächtiger sein als er. Deshalb verstieß er sie in die Unterwelt. Gaia war voll Trauer, als sie sah, dass ihre Kinder gefangengehalten wurden. Als ihre Trauer sich in Zorn wandelte, schmiedete sie Pläne, um sich an Uranos zu rächen. So versammelte sie die Titanen um sich herum und forderte sie auf, Uranos zu entmachten. Doch die Furcht vor dem grausamen Vater war groß. Nur der jüngste und verwegenste der Titanen, Kronos, erklärte sich dazu bereit, die Pläne seiner Mutter zu erfüllen. Als sich Uranos eines Nachts wieder bei seiner Gattin Gaia niederlegte, um sich mit ihr zu vereinigen, näherte sich Kronos dem elterlichen Lager mit einer Sichel und entmannte seinen Vater. Dadurch beraubte er ihn der Macht über das Universum. Die Titanen waren jetzt die herrschenden Götter.

Später vermählte sich Kronos mit seiner Schwester Rhea und zeugte mit ihr sechs Kinder. Doch Kronos war von Gaia und Uranos einst geweissagt worden, dass einer seiner Söhne ihn bezwingen und entmachten werde. So wollte er sich gegen die drohende Gefahr schützen und verschlang jedes der neugeborenen Kinder. Hestia, Demeter, Hera, Hades und Poseidon fielen ihrem Vater zum Opfer. Rhea schmerzte es, ihre Kinder so enden zu sehen. Deshalb verbarg sie ihren jüngsten Sohn Zeus vor den Blicken ihres Gemahls und brachte ihn nach Kreta, wo er vor dem mörderischen Vater geschützt war. Kronos gab sie anstelle ihres Sohnes einen in Tücher gewickelten Stein zum Mahl. Er verschlang auch diesen in dem Glauben, er vernichte damit seinen letzten Sohn.

Zeus jedoch wuchs auf Kreta heran, und als er stark genug geworden war, verbündete er sich mit seiner Mutter, um den Vater zu stürzen. Mit einer List gab Rhea ihrem Gatten einen Zaubertrank, der die göttlichen Kinder befreien sollte. Nachdem Kronos diesen Trank zu sich genommen hatte, spie er alle Kinder und den eingewickelten Stein wieder aus. Damit war sein Schicksal besiegelt. Denn Zeus scharte nun seine Geschwister um sich und rief sie zum Kampf gegen den Vater und die übrigen Titanen auf. Die hundertarmigen Riesen und die Kyklopen befreite er aus der Unterwelt; zum Dank dafür verbündeten sie sich mit ihm und gelobten Treue im bevorstehenden Kampf. Auch einige der Titanen wandten sich von Kronos ab und wurden zu Verbündeten des rebellischen Sohnes. Jetzt hatte Zeus eine Streitmacht zusammengestellt, die es mit den Titanen aufnehmen konnte. Es entbrannte eine gewaltige Schlacht, in der die zwei Göttergeschlechter um die Weltherrschaft kämpften. Zeus und seine Geschwister hatten den Berg Olymp als ihre Burg erwählt, von der aus sie die Angriffe gegen die Titanen führten. Zehn volle Jahre währte dieser grausame Kampf, aus dem Zeus und die olympischen Götter schließlich als Sieger hervorgingen. Die Titanen aber wurden in die Unterwelt verbannt, wo sie auf ewig gefangen bleiben sollten.

Nachdem nun die göttliche Schlacht geschlagen war, sollten die einzelnen Weltteile unter den Göttern aufgeteilt werden. Denn obwohl Zeus seine Geschwister vor dem tyrannischen Vater gerettet hatte, waren Hades und Poseidon nicht dankbar, sondern erhoben Anspruch auf Macht. Da sich die Brüder aber nicht einigen konnten, welchen Teil der Welt ein jeder beherrschen sollte, ließen sie das Los entscheiden. Auf diese Weise fielen Zeus der Olymp und die Oberwelt als Machtbereich zu, Poseidons Reich wurden die Meere, und Hades sollte in der Unterwelt herrschen. So war die gesamte Welt unter den drei göttlichen Brüdern aufgeteilt, und die Herrschaft der olympischen Götter begann. Aus der Vereinigung dieser Götter miteinander, mit verbündeten Titanen und Menschen entstanden viele andere Götter und heldenhafte Gestalten. Zeus aber vermählte sich schließlich mit seiner Schwester Hera und herrschte als oberster Gott über die Welt.

Über die Erschaffung der Menschen gibt es zwei verschiedene Erzählungen. Nach der einen hatte der mit den olympischen Göttern verbündete Titan Prometheus aus Lehm Figuren in menschlicher Gestalt geformt. Nachdem die Göttin Athene – eine Tochter des Zeus – diesen Figuren göttlichen Geist eingehaucht hatte, erwachten sie zum Leben und bevölkerten die Erde. Prometheus wurde als göttliches Wesen ein Freund seiner irdischen Geschöpfe und versuchte immer, sie vor den anderen Göttern zu beschützen. Doch als er eines Tages das Feuer, das zuvor nur den Göttern vorbehalten war, vom Himmel stahl und den Menschen als nützliches Werkzeug überbrachte, war Zeus erzürnt über diese frevlerische Tat. Zur Strafe ließ er Prometheus an den Kaukasus fesseln, damit er dem Willen der Götter nicht mehr zuwiderhandeln könne.

Eine andere Sage erzählt, dass die Menschen von den Göttern selbst geschaffen worden waren. Bis heute durchlebte das Menschengeschlecht fünf Zeitalter, von denen jedes folgende schlechter und grausamer war als das vorangegangene. Stets riefen die Menschen durch ihr Verhalten den Zorn der Götter hervor, sodass sie immer wieder neue Übel ertragen mussten. Das letzte Zeitalter war das eiserne, das heute noch besteht und in dem Sorge und Kummer, Gewalt und Mord sowie Gotteslästerung das Leben der Menschen bestimmen. Nur durch die Abkehr von den Freveltaten und durch die Ehrfurcht gegenüber den Göttern vermag es der Mensch, sich mit den Unsterblichen wieder zu versöhnen.

Verwandlungssagen – Pflanzen

Anemone

Biologie: Die zu den Hahnenfußgewächsen gehörenden Anemonen sind mit über 100 Arten weltweit vertreten. Die in Deutschland häufigen Anemonen (u.a. Buschwindröschen, Großes Windröschen) sind im Allgemeinen Frühjahrsblüher und bedecken oft schon im März mit großen Beständen den in dieser Jahreszeit noch lichten Waldboden. Die Blätter dieser krautigen Pflanzen enthalten haut- und schleimhautreizende Substanzen, die als Heilmittel in der Homöopathie Verwendung finden.
Blütezeit: Frühling, je nach Art März – Juni.

Historisches: Aufgrund ihrer zarten Schönheit und kurzen Blütezeit galt die Anemone im Altertum als Symbol der Schönheit, aber auch der schnellen Vergänglichkeit der Jugend. Dem Namen *Anemone* – von griech. *anemos* (Wind) – lag wohl die Beobachtung zugrunde, dass schon ein leichter Windhauch die zarten Blütenblätter verwehen konnte (in dem deutschen Namen *Windröschen* lebt dieser Gedanke noch heute fort). Als Heilpflanze fand die Anemone schon in der Antike Verwendung.

Besonders die im Mittelmeerraum häufig anzutreffende Kronenanemone (*Anemone coronaria* L.) mit ihren blutroten Blütenblättern verband man in der Mythologie schon früh mit dem Vegetationsgott Adonis, aus dessen Blut sie der Sage nach entstanden sein soll. Das Adonisröschen (*Adonis aestivalis* L. u. *A. autumnalis* L.), das ebenfalls blutrote Blütenblätter besitzt und dem Namen nach gewöhnlich eher mit der Person des Adonis in Verbindung gebracht wird, ist im Mythos wohl nicht gemeint, sondern erst später so benannt worden.

Mythologie: In Adonis haben wir eine Vegetationsgottheit asiatischen Ursprungs zu sehen, die schon früh in Griechenland übernommen und mit dem raschen Aufblühen und Vergehen der Frühlingsvegetation in Verbindung gebracht wurde. Man verehrte bei den Adonisfesten diese Gottheit oft zusammen mit Aphrodite, denn sie galten als Paar der Fruchtbarkeit und Schönheit. Bei diesen Festen feierte man entweder das alljährliche Wiederkehren des Adonis oder betrauerte sein frühes Dahinscheiden und bat um Wiederkehr.

Von der jugendlichen Schönheit, der Liebe zu Aphrodite, aber auch vom frühen Tod des Adonis hören wir bei Ovid (Ov. met. 10,525ff. und 708ff.).

Die Sage: Schon als Adonis noch ein Knabe war, hatte sich Aphrodite in ihn verliebt, da sie von seiner Schönheit überwältigt war. Je weiter Adonis heranwuchs, desto schöner wurde er, und Aphrodite stellte ihrer Liebe zu ihm alles hintan. Als sie sich eines Tages gemeinsam auf der Jagd befanden, unternahm es die Liebesgöttin, ihren Geliebten vor den Gefahren der Jagd zu warnen. Meiden solle er die wilden Tiere und nicht seinen Mut überschätzen. Doch Adonis miss-

Aphrodite beweint den toten Adonis

achtete den Rat der Göttin und setzte die Jagd allein fort. Als er nun einen wilden Eber erspähte und ihn mit seinem Speer zu erlegen versuchte, verwundete er das Tier nur. Augenblicklich stürmte der Eber mit dem Zorn über die Verletzung auf den schönen Jüngling ein. Die Flucht vor der wütenden Bestie half Adonis nichts. Mit seinen mächtigen Hauern brachte der Eber den Jüngling zu Tode. Aphrodite, die von fern die Schreie ihres Geliebten vernommen hatte, eilte herbei, fand aber nur noch den leblosen Körper. In tiefster Trauer beklagte sie nun den verlorenen Adonis. Um eine Erinnerung an ihre Liebe zu haben, beträufelte sie sein Blut mit Nektar, und es erwuchs daraus eine Blume, die, nachdem sie in ihrer Schönheit kurz erblüht ist, wieder vergehen muss – die Anemone.

Apfelbaum

Biologie: Der Apfelbaum ist unter den vielen kultivierten Obstarten aus der Familie der Rosengewächse die Bedeutendste im gemäßigten Europa, in Asien, Amerika und Australien. Der heutige Kulturapfel ist eine Kreuzung aus heimischen und vermutlich asiatischen Kleinarten. Heute baut man weltweit über 1000 Sorten des Apfels an. Zur Vermehrung dieser Kultursorten bedient man sich der sog. Okulation, bei der ein mit einer Knospe versehenes Rindenstück der gewünschten Sorte unter die etwas abgelöste Rinde eines weniger wertvollen Wildlings (als Unterlage) geschoben wird. Das „Fruchtfleisch", das den Hauptteil dessen ausmacht, was wir Apfel nennen, ist die um die Samenanlage herumgewachsene Blütenachse.
Blütezeit: Mai – Juni.

Historisches: Griechen und Römer bezeichneten mit *melon* bzw. *malum* nicht nur den gewöhnlichen Apfel, sondern auch die ebenfalls zu den Rosengewächsen zählende, apfelähnliche Quitte, sodass in der antiken Literatur häufig nicht deutlich wird, welche Frucht tatsächlich gemeint ist. Fest steht aber, dass die Griechen, und vor allem die Römer über die Kultivierung des gewöhnlichen Apfels hervorragende Kenntnisse besaßen. Pfropfen, Okulation und die Bereitung von Apfelmost waren im Obstanbau gut ausgereifte Techniken.

Mythologie: In vielen alten Kulturen galt der Apfel seit jeher als Symbol für Fruchtbarkeit und Liebe. Griechen und Römer gaben ihn den mit der Landwirtschaft verbundenen Göttern bei, insbesondere Demeter und Dionysos. Als ausgezeichnetes Attribut der Liebesgöttin Aphrodite wurde der Apfel zum Liebessymbol schlechthin, wobei oft schwer zu entscheiden ist, ob im Zusammenhang mit Aphrodite nicht die Quitte von größerer Bedeutung war (s.o.). Die hervorragende Beziehung der Liebesgöttin zu der von den Griechen als *melon* bezeichneten Frucht wird in der Erzählung von der Entstehung des Apfelbaums deutlich, die wir bei Servius finden (Serv. Verg. Ecl. 8,37).

Die Sage: Der Jüngling Melos war von seiner Heimatinsel Delos geflohen und zur Insel Kypros an den Hof des Königs Kinyras gelangt. Dort bat er um Aufnahme. Da Kinyras Gefallen an dem Fremden fand, nahm er ihn bei sich auf und bestimmte ihn zum Gefährten seines Sohnes Adonis. Dieser war ob seiner Schönheit und Anmut der Geliebte der Aphrodite geworden, die sich schon in ihn verliebt hatte, als er noch ein Knabe gewesen war. Im Laufe der Zeit erkannte der König die edle Gesinnung des Melos und gab ihm seine Verwandte Pelia, die im Dienste der Aphrodite stand, zur Gemahlin. Damit wurde Melos zum Priester der Liebesgöttin. Pelia gebar ihm einen Sohn, der ebenfalls den Namen Melos erhielt und von Aphrodite zur Erziehung in ihr Heiligtum aufgenommen wurde. So war die Göttin der gesamten Familie gewogen.

Eines Tages begab sich Adonis auf die Jagd, obwohl ihn Aphrodite selbst immer wieder gewarnt hatte, gefährliches Wild zu jagen. Doch das Schicksal sollte seinen Lauf nehmen, und Adonis wurde von einem wilden Eber angefallen und getötet. Als die Kunde vom Tode des Königssohnes an den Hof gelangte, da zerbrach vor allem der alte Melos an dem Verlust seines Gefährten. In tiefster Trauer erhängte er sich an einem Baum. Doch Aphrodite ehrte den toten Priester und Freund ihres Geliebten und verwandelte ihn in den Baum, der nach ihm Melos, Apfelbaum, genannt wurde.

Feigenbaum

Biologie: Wildwachsend sind die zu den Maulbeergewächsen zählenden Feigenbäume (*Ficus carica*) hauptsächlich im Mittelmeergebiet heimisch, aber auch in Gebieten bis nach Nordwest-Indien. In tropischen und subtropischen Regionen hat man sie kultiviert. Aus der Wildform dieser Milchsaft führenden Sträucher und Bäume haben sich zwei Varietäten mit besonderer landwirtschaftlicher Bedeutung herausgebildet, die durch einen bemerkenswerten Bestäubungsmechanismus verbunden sind. Der sog. Bocksfeigenbaum (*var. caprificus*) hat in den Blütenständen weibliche und männliche Blüten, der Essfeigenbaum (*var. domestica*) dagegen nur weibliche. Für die Bestäubung muss also der Pollen vom Bocksfeigenbaum auf den Essfeigenbaum übertragen werden. Die Feigenbäume „bedienen" sich dabei der sog. Feigenwespe (*Blastophaga psenes*), die ihre Eier in die weiblichen Blüten des Bocksfeigenbaumes legt. Die heranwachsenden Larven zerstören die Samenanlage, und der Fruchtknoten entwickelt sich zur Galle (Gallenblüten). Die befruchteten Weibchen verlassen die Blüten und tragen dabei den Pollen mit hinaus. Wenn sie ihre Eier nun in die Blüten der Essfeigenbäume legen wollen, bestäuben sie die weiblichen Blüten, können aber ihre Eier nicht ablegen, da ihr Legestachel für diese Blüten zu kurz ist. Für eine ausrei-

chende Bestäubung in einer Essfeigenbaum-Kultur pflanzt man auch einige Bocksfeigenbäume an oder hängt Bocksfeigenzweige in die Essfeigenbäume; allerdings gibt es heute auch Feigensorten, die ohne Bestäubung Früchte tragen. Feigenbäume bringen pro Jahr drei Generationen von Früchten hervor, wobei die der Bocksfeigenbäume holzig und ungenießbar sind. Feigen werden frisch und getrocknet gegessen, aber auch Alkohol ist aus ihnen herstellbar. In der Heilkunde werden Feigen u. a. als Abführmittel verwendet.
Blütezeit: mehrmals im Jahr

Historisches: Vermutlich um das 8. Jh. v. Chr. gelangte der kultivierte Feigenbaum griech. *syke* aus Vorderasien über Ägypten auch in die übrigen mediterranen Länder. Als für alle Bevölkerungsschichten erhältliches Nahrungsmittel hatte die Feige in der Antike eine herausragende Bedeutung (im 1. Jh. n. Chr. kultivierte man rund um das Mittelmeer 29 Feigensorten). So galt sie schon früh als Symbol für Fruchtbarkeit und Wohlbefinden.

Mythologie: Als wichtiges Nahrungsmittel stand die Feige – ähnlich dem Getreide – in Beziehung zu Demeter, der Göttin der Landwirtschaft. Einer Sage nach soll sie den Feigenbaum dem Athener Phytalos geschenkt haben, weil dieser sie einst in seinem Hause gastlich aufgenommen hatte. Besonders aber dem Dionysos als Vegetationsgott war die Feige heilig.

Die Erklärung für die blitzabweisende Eigenschaft, die man dem Feigenbaum zuschrieb, finden wir in der bei Athenaios erhaltenen Sage vom Titanen Sykeas (Athen. 3,78 b).

Die Sage: In grauer Vorzeit ging aus der Vereinigung von Himmel und Erde, Uranos und Gaia, ein neues Göttergeschlecht hervor – die Titanen. Doch ihre Herrschaft über die Welt sollte von begrenzter Dauer sein. Denn die olympischen Götter, Nachkommen der Titanen Rhea und Kronos, - versuchten unter der Führung von Zeus, die Titanen zu stürzen. In einer großen Götterschlacht, die die Olympier letztlich für sich entscheiden sollten, standen sie sich gegenüber. Als Zeus den Titanen Sykeas im Kampfe mit einem Blitz verfolgte, erbarmte sich Gaia ihres Sohnes und nahm ihn in sich auf. Zum Schutz vor den Blitzen des Zeus ließ sie an dieser Stelle den ersten Feigenbaum hervorwachsen.

Lichtnelke

Biologie: Dieses Nelkengewächs ist mit 35 Arten in ganz Europa bis nach Zentralrussland hinein vertreten. Von diesen in weißen, rosa und roten Farben blühenden, krautigen Pflanzen findet sich in Deutschland vor allem die

Kuckucks-Lichtnelke (*Lychnis flos-cuculi*). Beliebte Zierpflanzen sind die im Osten Russlands heimische Brennende Liebe (*Lychnis chalcedonica*) und die im südlichen Alpenraum beheimatete Jupiterblume (*Lychnis flos-jovis*).

Die Weiße Lichtnelke (*Lychnis alba*) zählt zu den Nachtfalterblumen, die ihre intensiv duftenden Blüten erst abends oder in der Nacht öffnen und so nur von nachtaktiven Schmetterlingen bestäubt werden. Sie bevorzugt trockene und warme Standorte und besiedelt Wegränder, Bahndämme und Schuttplätze. Ihr natürliches Vorkommen hat sie in den Mittelmeerländern und im Norden Mittelasiens.

Blütezeit: Juni – September

Historisches: In der Antike wurden Lichtnelken – allgemein griech. *lychnis* –, wie auch die anderen, meist wohlduftenden Nelkenarten, angebaut und in Kränze eingeflochten.

Mythologie: Die Griechen gaben in der kultischen Verehrung vor allem die großen, blütenprächtigen Nelken dem obersten Gott Zeus als Attribut bei.

Eine milchig-weiß gefärbte Lichtnelkenart wird wohl gemeint sein, wenn wir bei Athenaios von der Entstehung einer solchen Blume hören (Athen. 15,681f).

Die Sage: Hephaistos, der Götterschmied, hatte es trotz seiner unförmigen Gestalt vermocht, Aphrodite, die Göttin der Schönheit und der Liebe, als Gemahlin zu erhalten. Jedes Mal, wenn Aphrodite das Lager mit ihrem Gatten geteilt hatte, wusch sie sich danach den Körper mit Wasser. Aus dem Waschwasser der Liebesgöttin aber entsprang, nachdem es zu Boden geflossen war, die Lichtnelke.

Linde

Biologie: Mit 45 Arten ist die Linde in den nördlich-gemäßigten und subtropischen Zonen vertreten. In Deutschland sind nur die Sommerlinde (*Tilia platyphyllos*) und die Winterlinde (*Tilia cordata*) heimisch. Mit 30–40 m Höhe ist die Linde einer unserer mächtigsten einheimischen Bäume; zudem kann sie bis zu 1000 Jahre alt werden. Die Stiele der gelblich bis weißlichen, nach Honig duftenden Blüten sind mit einem flügelartig geformten Vorblatt verwachsen, das zur weitreichenden Verbreitung der Samen durch den Wind dient. Die Blüten beider Arten nutzt man – zu Lindenblütentee aufgegossen – als fiebersenkende Arznei bei Erkältungskrankheiten.

Blütezeit: Sommerlinde: Juni, Winterlinde: Juni – Juli.

Historisches: Bekannt waren im Mittelmeergebiet die Silberlinde (*Tilia tomentosa*) sowie die Sommer- und die Winterlinde, doch kamen sie dort bestandsbildend eher in den kühl-feuchten Bergregionen vor als in trockenen und heißen Ebenen. Da das Holz der Linde sehr weich ist, verarbeitete man es schon im Altertum gerne zu Gerätschaften für den häuslichen Gebrauch (Truhen, Gefäße, Schreibtafeln). Die Rinde diente u.a. als Ersatz für Ziegel bei Dächern einfacher Hütten. Für tragende Konstruktionen im Hausbau war das Holz der Linde ungeeignet. In der Heilkunde verwendete man im Unterschied zu heute nicht die Lindenblüten, sondern die Blätter.

Mythologie: Grundsätzlich vertrat die Linde – griech. *philyra* – in der Mythologie das weibliche Prinzip. So wundert es nicht, dass die zu Kränzen geflochtenen Lindenblüten im Kult der Aphrodite Verwendung fanden. Auch bekränzten sich die Römer beim Feste der Ceres, der Göttin des Landbaus, mit dem Bast des Lindenbaumes.

Die Sage von der Entstehung und Namensgebung der Linde finden wir bei Hygin (Hyg. fab. 138).

Die Sage: In grauer Vorzeit herrschte der Titan Kronos über Götter und Menschen. Doch ihm war prophezeit worden, dass er einst von seinen eigenen Kindern der Herrschaft beraubt würde. So verschlang er fast alle seine Töchter und Söhne, kaum dass sie geboren waren. Nur Zeus konnte mit Hilfe seiner Mutter Rhea dem grässlichen Vater entkommen. Rhea nämlich vertraute das Schicksal ihres Sohnes ihrer eigenen Mutter Gaia an, die den jungen Gott auf Erden versteckte. Doch der argwöhnische Kronos begab sich auf die Suche nach diesem unheilbringenden Sohn und gelangte dabei auch nach Thrakien, wo die Okeanide Philyra lebte. Von ihrer Schönheit gefesselt vergaß der grausame Titan die eigentliche Bestimmung seiner Reise und näherte sich ihr in Gestalt eines Rosses, um sie zu verführen. Sein Werben hatte Erfolg und er vereinigte sich mit Philyra. Diese gebar in der Folge ein Wesen, das halb Mensch und halb Pferd war, den Kentauren Cheiron. Entsetzt über den missgestalteten Sohn, flehte Philyra zum jungen Zeus, er möge ihr selbst ob dieser Schande eine andere Gestalt geben. Zeus erhörte die Flehende und verwandelte sie in die ihren Namen tragende Linde.

Lorbeer

Biologie: Der Lorbeer (*Laurus nobilis* L.) ist eine typische Pflanze in den Hartlaubformationen des Mittelmeergebietes. Oft trifft man ihn als strauchartige Pflanze an, doch kann er auch mit bis zu 10 m Höhe die Ausmaße eines Baumes annehmen. Seine ledrigen und aromatischen Blätter finden als Gewürz beim Kochen Verwendung. Auch heute noch wird der Lorbeer in mediterranen Ländern häufig gepflanzt; wildwachsend bevorzugt er feuchte Hänge. Blütezeit: März – April.

Historisches: Der Lorbeer war schon in der Antike im gesamten Mittelmeerraum weitverbreitet. Das aus seinen Früchten und Blättern gewonnene Öl fand in vielen Bereichen der Medizin Verwendung; schon Hippokrates nutzte die einzelnen Teile und Essenzen des Lorbeers als Heilmittel. Die vielfältigen ihm zugeschriebenen Kräfte und die besondere kultische Bedeutung erhielt der Lorbeer durch seine Verbindung mit dem Kult des Gottes Apollon. Die dem heutigen Menschen noch geläufigste Verwendung des Lorbeers in der Antike ist wohl die als Schmuck für den heimkehrenden, siegreichen Feldherrn.

Mythologie: Die kultische Bedeutung des Lorbeers – griech. *daphne* – scheint aus dem Orient in das Mittelmeergebiet eingedrungen und dort schon früh mit der Verehrung des Apollon verbunden worden zu sein. Der Sage nach soll sich Apollon, nachdem er den Drachen Python getötet hatte, mit dem Lorbeer gereinigt haben und – mit diesem bekränzt – in Delphi eingezogen sein. Der Lorbeer wurde dadurch einerseits zum Zeichen des Sieges, andererseits der Baum der Sühne und Reinigung. Da Apollon auch der Gott der Seherkunst war, sagte man dem Lorbeer magische, die Weissagung unterstützende Kräfte nach. Schließlich übernahm Apollon den Schutz der Dichter und Sänger, denen der Lorbeer deshalb als Zeichen ihrer Kunst zukam.

Auch bei der Entstehung des Lorbeers als dem Apollon heiliger Baum sehen wir diesen Gott in einer zentralen Rolle. Die Sage erzählt uns Ovid in den Metamorphosen (Ov. met. 1,452ff.).

Die Sage: Apollon hatte gerade den Drachen Python bezwungen und rühmte sich seines Sieges, als er Eros begegnete. Dieser pflegte mit seinen Pfeilen die Menschen ins Herz zu treffen und so ihre Liebe zueinander zu entfachen. Apollon verspottete den Liebesgott und behauptete, dass für eine zierliche Gestalt wie die des Eros Pfeil und Bogen nicht geeignet seien. Um sich für diesen Übermut des Apollon zu rächen, fasste Eros einen Plan: Der zuvor noch siegreiche Gott sollte nun durch die Waffen der Liebe besiegt werden. Eros entnahm seinem Köcher zwei Pfeile, von denen einer eine Spitze aus Gold trug und die Flammen der Liebe entzünden sollte; die Spitze des anderen Pfeiles aber war aus Blei und sollte demjenigen, der von ihm getroffen würde, die Abkehr von der Liebe ins Herz legen. Der Liebespfeil traf Apollon mitten ins Herz. Als Ziel des anderen Pfeiles hatte sich Eros die Nymphe Daphne gewählt, die Tochter des Flussgottes Peneios. Von dem alle Liebe auslöschenden Pfeil getroffen, versagte sich Daphne sämtlichen Freiern, die sie begehrten. Diese Ablehnung sollte nun auch Apollon erfahren. Als er sie erblickte, verliebte er sich augenblicklich in sie und gestand ihr sein Verlangen, doch ent-

Auf der Flucht vor Apollon wird Daphne in den Lorbeerbaum verwandelt

setzt floh Daphne vor dem zudringlichen Gott. In seiner Begierde jagte Apollon die Nymphe, bis er sie beinahe zu fassen bekam. Voller Verzweiflung sprach Daphne ein Stoßgebet zu ihrem Vater und flehte um Rettung. Augenblicklich erstarrte Daphne in ihrer Flucht und verwandelte sich in einen Baum. In diesem Lorbeerbaum, dem die Nymphe nicht nur ihr Leben, sondern auch ihren Namen gab, betrauerte Apollon seine verlorene Liebe und erwählte ihn aus Sehnsucht nach Daphne zu seinem ihm heiligen Baum.

Majoran

Biologie: Besonders im östlichen Mittelmeergebiet sind diese Lippenblütler mit 6 Arten heimisch. Am bekanntesten ist wohl der weißblütige Echte Majoran (*Majorana hortensis* bzw. *Origanum majorana*). In den jungen Stängeln und Blättern sind ätherische Öle, Bitter- und Gerbstoffe enthalten. Gerade die ätherischen Öle haben den Ruhm dieser krautigen Pflanze als Gewürz (bes. bei Wurstwaren) begründet. Die Bitterstoffe fördern die Magensaftsekretion und wirken so verdauungsfördernd. Wildwachsend bevorzugt der Majoran lockersteinige Lehmböden in Gebieten mit sehr milden Wintern und heißen Sommern (Mittelmeerklima).
Blütezeit: Juli – September.

Historisches: Den Wohlgeruch des Majorans schätzte man schon in der Antike, weshalb man ihn in kostbaren Salben und Ölen verarbeitete. Die edelsten Pflanzen kamen dafür aus Ägypten, Kleinasien und Zypern. Wie andere wohlduftende Kräuter setzte man auch den Majoran mit der Liebesgöttin Aphrodite in Beziehung. Vielleicht hing damit zusammen, dass junge Männer mit Majoranölen oder -salben die Türen des Hauses bestrichen, in dem ihre Geliebte wohnte. Der Duft sollte sie für die Liebe empfänglich machen. So berichtet uns zumindest der römische Dichter Lukrez.
Bei Hochzeiten flocht man Majoran gerne in Kränze ein. Die Heilkunde schätzte vor allem seine verdauungsfördernde Wirkung.

Mythologie: Die besondere Beziehung des Majoran – griech. *amarakos* – zu Aphrodite findet Unterstützung darin, dass auf Kypros (dem heutigen Zypern), der bevorzugten Insel der Liebesgöttin, die edelsten dieser Kräuter wuchsen. Auch die Sage von der Entstehung des Majoran steht in enger Verbindung zu Aphrodite und ihrer Insel. Im Vergil-Kommentar des Servius erfahren wir davon (Serv. Verg. Aen. 1,693).
Die Sage: König Kinyras von Kypros, der auch Priester der Aphrodite war, hatte einen Sohn, Amarakos mit Namen, der die Kunst beherrschte, die edelsten Salben zu bereiten. Als er nun einmal verschiedene, herrlich duftende Salben mit sich trug, stürzte er und fiel zu Boden. Die Salben aber kamen durcheinander

Thisbe folgt Pyramos in den Tod

und es entstand durch die Vermischung ein noch schönerer Duft. Die besten Salben nannte man seitdem auch die „amarakinischen" Salben. Amarakos selbst aber wurde später in die wohlriechende Pflanze seines Namens verwandelt.

Maulbeerbaum

Biologie: Mit sieben Arten ist der Maulbeerbaum in den nördlich-gemäßigten und subtropischen Zonen verbreitet. Die Blätter des in China heimischen Weißen Maulbeerbaums (*Morus alba*) dienten schon immer den Seidenraupen als Nahrung; so wurde dieser Baum wahrscheinlich schon vor rund 4500 Jahren in Asien, im Mittelmeergebiet jedoch erst seit dem 15. Jh. kultiviert. Die meist weißen Fruchtstände sind im Geschmack fad. Der Schwarze Maulbeerbaum (*Morus nigra*) dagegen, der ursprünglich in Vorderasien heimisch war, bietet saftige und aromatische Früchte. Diese sind in unreifem Zustand weiß, in der Reife schließlich rot-schwarz. Der aus ihnen hergestellte Sirup hat abführende Wirkung.
Blütezeit: Mai.

Historisches: In der Antike kannte man im Mittelmeergebiet nur den Schwarzen Maulbeerbaum – griech. *morea* oder auch *sykaminos* –, der vermutlich erst im 5. Jh. aus Vorderasien nach Griechenland gelangte. In Italien scheint er noch später, wohl erst zur Zeit des Augustus, angepflanzt worden zu sein. Das Holz fand häufig beim Bau von Schiffen und bei Tischlerarbeiten Verwendung. Aus seinen Früchten, Blättern, Wurzeln und der Rinde stellte man Heilmittel her – u.a. gegen Mandelentzündung und Bandwurmbefall. Die abführende Wirkung der Früchte kannte man damals ebenfalls.

Mythologie: Die Herkunft des Schwarzen Maulbeerbaumes aus Vorderasien und die Tatsache, dass sich die Früchte bei der Reife von weiß nach rot-schwarz verfärben, mag Anlass zu der Sage gegeben haben, wie dieser Baum einst entstand. Ovid erzählt sie uns in den Metamorphosen (Ov. met. 4,55ff.).
Die Sage: In Babylon lebten einst die Nachbarskinder Pyramos und Thisbe. Schon früh hatten sie sich kennengelernt. Aus der Bekanntschaft wurde allmählich Liebe, die sie jedoch vor ihren Vätern geheimhalten mussten. Nur durch einen Spalt in der Wand, an die ihre beiden Zimmer grenzten, konnten sie heimlich Liebesworte und Küsse austauschen. Doch das Verlangen wurde mit der Zeit so stark, dass sie beschlossen, sich des Nachts vor der Stadt zu treffen. Ein Maulbeerbaum sollte die genaue Stelle des Treffens bezeichnen. In der Nacht gelangte Thisbe als erste an den vereinbarten Ort. Doch während sie wartete, näherte sich ihr eine Löwin, die an einer Wasserstelle ihren Durst löschen wollte. Ihren Hunger hatte sie schon zuvor auf der Jagd gestillt. Thisbe erschrak und floh in eine nahegelegene Höhle. Doch bei der Flucht viel ihr Umhang zu Boden. Diesen fand nun die Löwin und zerriß ihn mit dem Maul, das noch vom Blut der Jagd besudelt war.

Als die Löwin fort war, traf Pyramos an diesem Ort ein. Er sah seine Geliebte nicht, blickte sich um und entdeckte voller Entsetzen den blutigen Umhang und daneben die Spuren des wilden Tieres. Es blieb ihm nichts übrig, als den Tod seiner Thisbe zu beklagen. Aus seiner Trauer und Verzweiflung gab es für ihn als Ausweg nur den eigenen Tod. So legte er sich unter dem Maulbeerbaum nieder und senkte das Schwert tief in die Brust. Hoch auf schoss das Blut und netzte die damals noch weißen Früchte des Maulbeerbaumes. Als Thisbe sich nun aus der Höhle hervorwagte, erblickte sie ihren Geliebten. Sie stürzte zu ihm, sah aber nur noch das Sterben in seinen Augen. Da erhob sie die Arme und rief den Göttern den Wunsch zu, die Früchte des Maulbeerbaumes möchten als Erinnerung an dieses Schicksal zukünftig die dunkle Farbe tragen und sie beide als Liebende in einem Grabe vereint seien. Darauf nahm Thisbe das Schwert ihres Geliebten und folgte ihm in den Tod. Doch die Götter hatten ihr Flehen erhört: Von ihren Vätern wurden die beiden Liebenden gemeinsam begraben, und der Maulbeerbaum erinnert seitdem mit seinen schwarzen Früchten an ihr trauriges Schicksal.

Minze

Biologie: Vor allem im Mittelmeergebiet und in Vorderasien ist die Minze heimisch. Die rund 20 verschiedenen Arten neigen zur Bildung von Bastarden, die zwar steril sind, sich aber durch Ausläufer vegetativ vermehren können. In Mitteleuropa finden sich wildwachsend u.a. die Ackerminze (*Mentha arvensis*), die Wasserminze (*M. aquatica*) und die Poleiminze (*M. pulegium*). Die Pfefferminze (*M. piperita*) ist erst gegen Anfang des 18. Jh. in England als Bastard entstanden und von dort ausgehend ab 1780 auch in Deutschland kultiviert worden. Stängel und Blätter enthalten das ätherische Öl Menthol, das zum Aromatisieren von Lebensmitteln verwendet wird und bei der Behandlung von Erkrankungen der Atemwege und des Magen-Darm-Traktes Anwendung findet.
Blütezeit: je nach Art Juni – Oktober.

Historisches: Auch wenn in der antiken Literatur nur schwer zu bestimmen ist, welche Minzearten gemeint sind, so darf doch als sicher gelten, dass die Pfefferminze nicht zum damaligen Artenbestand gehört hat (s.o.). Den charakteristischen, frischen Duft, den auch andere Minzearten besitzen, schätzte man in der Antike ebenso wie heute. Als Gewürz in vielen Speisen durfte sie daher nicht fehlen. Doch nutzte man ihr Aroma auch, um z.B. in Speiseräumen einen angenehmen Duft zu verbreiten, indem man die Tische mit diesem Kraut abrieb. Die auffallendste Anwendung in der Heilkunde fand die Minze bei Erkältungskrankheiten: Man umwickelte ein Stängelstück dieser Pflanze mit Wolle und steckte es in die Nase, um danach freier atmen zu können – ein uns heute wohlbekanntes Anwendungsgebiet des Menthols.

Dass gerade der Bräutigam sich mit einem Kranz aus Minze schmückte, mag damit zusammenhängen, dass diese Pflanze wie viele der wohlduftenden Kräuter zu der Liebesgöttin Aphrodite in Beziehung gesetzt wurde.

Mythologie: Nicht nur dem Bereich der Liebesgöttin stand die Minze – griech. *minthe* – durch ihren intensiven Duft nahe, sondern, wie viele stark und betörend duftende Blumen überhaupt (vgl. Narzisse), auch dem Reich der Toten. Eine Verbindung mit der Unterwelt legt auch die Existenz des Minthe-Berges bei Pylos auf der Peloponnes nahe, an dessen Fuße ein Tempel des Unterweltgottes Hades lag. Dort soll die Minze der Sage nach zum ersten Mal der Erde entsprossen sein.

Wie es dazu kam, dass die Pflanze und der Berg den Namen Minthe erhielten, erzählt uns der Historiker Strabon in seinen Geographika (Strab. 8,344).

Die Sage: Einst hatte Hades, der Gott der Unterwelt, die schöne Persephone von der Erde geraubt und in sein dunkles Reich entführt. Obwohl ihre Mutter, die Göttin Demeter, dagegen aufbegehrte, konnte Hades bei den Göttern doch erreichen, dass Persephone für einen Teil des Jahres als seine Gemahlin bei ihm blieb. So wurde sie ebenfalls zur Herrscherin über die Toten.

Doch Hades hatte im Laufe der Zeit noch Augen für andere schöne Frauen gehabt und war der Schönheit der Nymphe Minthe erlegen. So machte er sie zu seiner Geliebten, was auf Dauer allerdings nicht unbemerkt blieb. Denn Persephone erblickte eines Tages die Nymphe und vernichtete sie aus Eifersucht, indem sie sie mit den Füßen tief in den Boden trat. Hades aber ließ zum Andenken an seine Geliebte aus dem Boden die wohlduftende Pflanze erwachsen, der die Nymphe ihren Namen gab – die Minze.

Mohn

Biologie: Von den rund 100 Arten dieser Mohngewächse, die hauptsächlich in der nördlichen Hemisphäre in Gebieten mit gemäßigtem Klima anzutreffen sind, ist in Deutschland vor allem der Klatschmohn (*Papaver rhoeas*) vertreten. Hier besiedelt er bevorzugt Ackerflächen und Ödland.

Im östlichen Mittelmeergebiet ist der Schlafmohn (*Papaver somniferum*) einer der wichtigsten Vertreter. Aus seinen unreifen Fruchtkapseln wird Opium gewonnen, welches betäubende und schmerzstillende Wirkung besitzt und schon sehr lange als Rauschmittel Verwendung findet. Aufgrund die-

ser Anwendungsmöglichkeit ist der Anbau von Schlafmohn – auch als Zierblume – in Deutschland durch das Betäubungsmittelgesetz untersagt. Die blau-schwarzen Samen dagegen sind opiumfrei und wohlschmeckend. Sie werden häufig zum Backen verwendet.
Blütezeit: je nach Art April – August.

Historisches: Im Altertum war der Schlafmohn wegen seiner medizinischen Bedeutung hoch geschätzt. Die Wirkung des Saftes, der sowohl aus dem Stängel als auch aus der Kapsel der Pflanze gewonnen wurde, war Griechen und Römern gut bekannt. Die Ärzte verwendeten diesen Saft, den sie (griech.) *opion* nannten, mit großer Vorsicht als Beruhigungs-, Schlaf- und Betäubungsmittel.

Mohnsamen kannte die antike Küche auch als Gewürz in warmen Speisen und Backwaren.

Mythologie: Wegen des Samenreichtums der Kapseln galt der Mohn – griech. *mekon* – als Symbol der Fruchtbarkeit und wurde deshalb Demeter beigegeben, der Göttin der Landwirtschaft und der Fruchtbarkeit. Aus demselben Grund stand er aber auch mit der Liebesgöttin Aphrodite in Beziehung. Mit Nyx, Hypnos und Thanatos, den Gottheiten der Nacht, des Schlafes und des Todes, war der Mohn verständlicherweise durch seine schlafbringende und betäubende Wirkung verbunden.

Die Sage, die uns die Entstehung des Mohns schildert und erklärt, warum diese Pflanze der Demeter geweiht war, erzählt Servius in seinem Vergil-Kommentar (Serv. Verg. Georg. 1,212).

Die Sage: Die Göttin Demeter zog einst verzweifelt durch Griechenland, um ihre Tochter Persephone zu suchen. Sie wusste noch nicht, dass Hades, der Gott der Unterwelt, Persephone geraubt und in sein dunkles Reich entführt hatte. So suchte die Göttin überall auf der Erde vergebens. Je länger die Suche dauerte, desto verzweifelter wurde sie. Eines Tages begegnete sie dem Athener Mekon, dem sie ihr Leid erzählte. Geduldig und voller Mitgefühl hörte der Mann zu und tröstete die Göttin. Um ihm zu danken und ihn zu ehren, verwandelte sie ihn in die Pflanze, die fortan seinen Namen tragen sollte – den Mohn – und nahm ihn unter die Blumen auf, die ihr heilig waren.

Myrrhenbaum

Biologie: Der Myrrhenbaum zählt zu den Balsambaumgewächsen, die mit rund 180 Arten in Afrika, Arabien, Indien und Südamerika beheimatet sind. An den Stämmen und Ästen dieser dornigen, baum- oder strauchartigen Pflanzen wird ein Harz ausgeschieden, das Bitterstoffe und ätherische Öle enthält. Aus diesem Harz werden wohlduftende Räuchermittel hergestellt, wobei die sog. Myrrhe ein Gemisch aus dem Harz mehrerer Myrrhenbaumarten ist. Für die Medizin stellt man einen alkoholischen Auszug her, der als Myrrhen-Tinktur zur Behandlung von Entzündungen in der Mundhöhle dient.
Blütezeit: nach der Regenzeit.

Historisches: Der Wohlgeruch, der dem Harz des Echten Myrrhenbaumes (*Commiphora abyssinica*) entströmt, war schon im Altertum hochgeschätzt. Auch wenn diese Bäume nur in Südarabien, Eritrea und dem nördlichen Abessinien wuchsen, gab es doch im gesamten Mittelmeergebiet ein großes Handelsaufkommen mit der wertvollen Myrrhe. Denn schon im Alten Orient und in Ägypten wurde diese zur Herstellung von kostbaren Salben und Ölen genutzt. Auch als Räuchermittel im Götterkult spielte die Myrrhe nicht nur bei den Ägyptern ein große Rolle, sondern in der Folgezeit auch bei Griechen und Römern. Mit Myrrhe würzten die Römer verschiedene Weine, in der Heilkunde verwendete man Myrrhenessenzen zur Behandlung von Entzündungen und Wunden.

Mythologie: Auf die Herkunft des Myrrhenbaumes – griech. *myrrha* oder *smyrna* für das Harz des Echten Myrrhenbaumes – aus dem Orient verweist die Entstehungssage dieser Pflanze. Von der Verwandlung der Königstochter Myrrha erzählt uns Ovid in den Metamorphosen (Ov. met. 10,300ff).
Die Sage: König Kinyras von Kypros hatte eine Tochter, Myrrha mit Namen. Als sie heranwuchs, spürte sie eine Zuneigung zu ihrem Vater, die über jene Liebe hinausging, die zwischen Eltern und ihren Kindern üblich ist. Voll Schrecken wurde Myrrha gewahr, dass sie ihren Vater leidenschaftlich zu lieben begann und auch körperlich begehrte. Um diesem Frevel zu entgehen, plante sie, sich in ihrer Kammer zu erhängen. Doch ihre Amme bemerkte ihr Vorhaben und bewahrte sie vor diesem Schritt. Sie wolle nichts von dieser Schande verraten, wenn ihr Myrrha die Ursache für ihre Verzweiflung gestehe. Falls sie dies tue, so versprach ihr die Amme, sei sie ihr in allem zu Diensten. So gestand Myrrha schließlich die schändliche Liebe. Die Amme war bestürzt, aber sie hielt das Versprechen, das sie zuvor gegeben hatte. Sie verhalf Myrrha in das Schlafgemach des Vaters, wo sie sich im Dunkel der Nacht zu ihrem eigenen Vater legte; schwanger verließ sie die väterliche Kam-

Myrrha findet Erlösung durch die Verwandlung in den Myrrhenbaum

mer. Auch in den weiteren Nächten genoss sie die Zärtlichkeiten ihres unwissenden Vaters, bis dieser eines Nachts mit dem Licht einer Lampe die junge Geliebte kennenzulernen trachtete und den Frevel entdeckte. Mit dem

Schwert wollte der bestürzte Vater die Tochter bestrafen, doch Myrrha floh in ihrer Angst und verließ die Heimat. Weit nach Osten führte sie die Flucht vor dem Zorn des Vaters, bis sie hochschwanger in das sabäische Land gelangte. Hier ließ sie sich kraftlos zu Boden sinken und bereute ihr schicksalsträchtiges Tun. Zu den Göttern erhob sie die Arme und flehte um Rettung aus diesem elenden Dasein. Die Götter erbarmten sich und verwandelten sie in den Myrrhenbaum. Die Tränen aber, die die Königstochter um ihr Schicksal vergoss, traten aus der Rinde hervor. Myrrhe nannte man fortan diese Tränen. Aus dem zu Holz gewordenen Leib aber wurde der Knabe Adonis geboren.

Myrte

Biologie: Diese Myrtengewächse sind mit rund 100 Arten in Südamerika, Australien und Neuseeland, aber auch in den Gebieten rund um das Mittelmeer vertreten. Hervorzuheben ist hier die bekannte Brautmyrte (Echte Myrte, *Myrtus communis*), ein immergrüner Strauch mit weißen Blüten und dunklen Früchten. Die Blüten und Blätter enthalten wohlriechende, ätherische Öle, mit denen man Parfums verfeinert. Auch als Zierpflanze ist sie sehr beliebt. Wildwachsend bevorzugt sie steinige Hänge und ein etwas feuchtes, nicht zu heißes Klima.
Blütezeit: Juni – September.

Historisches: Die Myrte war als Schmuck in Gärten schon im Altertum gerne gesehen. Ihre ätherischen Öle schätzte man wegen ihres Aromas und nutzte sie, ähnlich wie die der Myrrhe, zum Würzen von Weinen. Die Zweige waren oft in Kränze eingeflochten. Vor allem in Rom bekränzte man einen Sieger nicht nur mit Lorbeerzweigen, sondern auch mit Myrte.

Mythologie: Die fast gegensätzliche Verwendung der Myrte – griech. *myrene*, *myrtos* oder *myrsine* – als Brautschmuck einerseits und als Grabpflanze andererseits – leitete sich aus der Beziehung ab, die die Myrte zur Liebesgöttin Aphrodite besaß. Denn Aphrodite war die Göttin der sinnlichen Liebe und der Fruchtbarkeit, hatte aber auch – und hier werden ihre orientalischen Wurzeln deutlich – Berührungspunkte zum Reich der Toten.
Wie die Myrte als heilige Pflanze der Aphrodite entstand und zu ihrem Namen kam, berichtet uns Servius in seinem Vergil-Kommentar (Serv. Verg. Aen. 3,23).
Die Sage: Die Jungfrau Myrene war von außerordentlicher Schönheit und einem reichen und vornehmen Mann versprochen. Doch die Hochzeit sollte

nicht stattfinden, denn die Stadt, in der Myrene lebte, wurde von Räubern überfallen, die alles zerstörten und plündernd durch die Straßen zogen. Die Brüder der Myrene wurden getötet und sie selbst als Gefangene an einen geheimen Ort verschleppt. Durch Zufall gelang es ihr, von dort unbemerkt zu fliehen und in ihre Heimat zurückzukehren. Die Bewohner der Stadt empfingen Myrene freudig und erwählten sie zur Priesterin der Aphrodite; so trat die Jungfrau in den Tempeldienst der Liebesgöttin. Als sie eines Tages bei einem Fest zu Ehren der Aphrodite als Priesterin anwesend war, erblickte sie im Volk einen ihrer ehemaligen Entführer und zeigte ihn an. Von den Bewohnern bedrängt, verriet der Räuber seine Gefährten. Der ehemalige Geliebte der Myrene aber forderte für sich, dass er die Verfolgung der Räuber übernehme. Nachdem er diese aufgespürt und ergriffen hatte, verlangte er von der Stadt eine Belohnung. Vom Volk wurde ihm zugestanden, Myrene, die Frau, die er seit langem liebte, zu heiraten; Aphrodite aber war erzürnt über diese Anmaßung und bestrafte den Mann mit dem Tode. Die Jungfrau und Priesterin Myrene hingegen verwandelte sie in den Myrtenbaum und verfügte, dass mit dem Duft der Myrte ihre Tempel erfüllt sein sollen.

Narzisse

Biologie: Die Narzissen gehören zu den Amaryllisgewächsen und finden sich mit rund 20 Arten in Mitteleuropa und dem Mittelmeergebiet. Diese Zwiebelpflanzen sind beliebte Zierpflanzen geworden, besonders die gelb blühende Osterglocke (*Narcissus pseudo-narcissus*). Die Weiße Narzisse (*Narcissus poeticus*) ist heute wild nur noch sehr selten aufzufinden; sie bevorzugt nährstoffreiche und etwas kalkhaltige Standorte und ist auf Bergwiesen und im Halbschatten von Flusstälern ansässig. Zumindest die Zwiebel der Narzisse enthält relativ giftige Alkaloide (stickstoffhaltige Naturstoffe), was vielleicht ihre medizinische Verwendung in der Antike erklärt.
Blütezeit: April – Mai.

Historisches: Im Altertum verwendete man besonders die Zwiebel der Narzisse als Heilmittel gegen Magenbeschwerden, Verbrennungen und Geschwüre. Durch ihr kaltes, fast lebloses Aussehen war die Weiße Narzisse ein Symbol des Todes. So spielte sie eine wichtige Rolle beim Totenkult, auf Gräbern und in Totenkränzen.

Mythologie: Aufgrund ihres Bezugs zur Unterwelt wurde die Weiße Narzisse zur Blume der Persephone, der Herrscherin über das Reich der Toten.

Narkissos betrachtet sein Spiegelbild und verliebt sich in sich selbst

Ebenso fand sie Verwendung bei den eleusinischen Mysterien der Göttin Demeter, der Mutter der Persephone. Diese soll jene Festspiele im attischen Eleusis zum Gedenken daran gestiftet haben, dass sie ihre von Hades geraubte Tochter wiedererlangt hatte.

Die Narzisse taucht an vielen verschiedenen Stellen der Mythologie auf, und oft sind die entsprechenden Erzählungen recht unterschiedlich. Am bekanntesten ist die Sage von ihrer Entstehung. Ovid erzählt uns die geläufigste Version dieses Mythos (Ov. met. 3,341ff).

Die Sage: Der mit strahlender Schönheit geschmückte Jüngling Narkissos, Sohn des Flussgottes Kephissos und der Wassernymphe Liriope, befand sich gerade auf der Hirschjagd, als ihn die schöne Nymphe Echo erblickte und in unstillbarer Liebe zu ihm entbrannte. Sie folgte seinen Spuren und wollte ihm schließlich ihre Liebe zu erkennen geben, indem sie ihn umarmte. Doch Narkissos, der schon von vielen Knaben und Mädchen vergeblich begehrt worden war, wies auch Echo mit harten Worten von sich. Diese hochmütige Grausamkeit des Narkissos sollte die darüber erzürnte Nemesis, Göttin der Vergeltung, bestrafen: Während Echo sich aus Gram über die zurückgewiesene Liebe auf ewig in den Wäldern verbarg, gelangte Narkissos – müde von der Jagd – an eine Quelle, an deren Ufer er sich ausruhte. In dem ungetrübten und ruhigen Wasser erblickte er nun sein Spiegelbild und verzehrte sich vor Liebe und Sehnsucht nach dieser Schönheit, ohne zu wissen, dass es sein eigenes Antlitz war, das er sah. Doch seine Versuche, sich dem schönen Jüngling im Wasser zu nähern, blieben immer wieder erfolglos; dieser verschwand, sobald er das Wasser berührte. Narkissos schied in seinem unerfüllten Verlangen dahin, und sein lebloser Körper verwandelte sich in die Narzisse.

Schilfrohr

Biologie: An den Ufern von Seen und langsam fließenden Flüssen bildet dieses weltweit verbreitete Süßgras zusammen mit Rohrkolben, Seggen und anderen Gräsern das Schilf bzw. Röhricht. In Deutschland findet sich v.a. das bis zu 4 m hohe Gemeine Schilfrohr (*Phragmites australis*). Die oberirdischen Teile der Pflanze sterben im Winter ab, nur die sog. Rhizome – unterirdisch und horizontal wachsende Erdsprosse – überdauern im Boden und treiben im darauffolgenden Frühjahr wieder aus. Die Halme des Schilfrohrs nutzt man zur Herstellung von Matten und in ländlichen Gegenden auch heute noch zum Dachdecken. Da ausgedehnte Schilfgürtel den Lebensraum für viele am Wasser lebende, selten gewordene Vogelarten bilden, verdienen diese Pflanzengesellschaften besonderen Schutz.
Blütezeit: Juli – September.

Historisches: Schon in der Antike nutzte man das Schilfrohr, um sich und seine Habe vor ungünstigem Wetter zu schützen. So waren viele einfache

Auf der Flucht vor Pan wird die Nymphe Syrinx in das Schilfrohr verwandelt

Hütten mit diesem Material gedeckt. Zu anhaltendem, künstlerischen Ruhm gelangte das Schilfrohr durch seine Verwendung in der Musik: Aus Schilfrohrstücken unterschiedlicher Länge fertigte man ein Blasinstrument, die sog. Syrinx. Ursprünglich war sie eine griechische Hirtenflöte, kam aber später im römischen Pantomimus, einer unserer Pantomime vergleichbaren Tanzdarstellung, auch als Orchesterinstrument zum Einsatz.

Mythologie: Das Schilfrohr sowie die anderen am Ufer von Seen und Flüssen gedeihenden Gräser setzte man naheliegenderweise zu Flussgottheiten und Wassernymphen in Beziehung. So waren Bilder dieser Gottheiten mit Kränzen aus Schilfpflanzen geschmückt.

Die Verwendung der aus Schilfrohr gefertigten Syrinx als Hirtenflöte geht dem Mythos zufolge auf den Hirtengott Pan zurück, dem man die Erfindung dieses auch Panflöte genannten Blasinstruments zuschrieb. Warum Pan aus dem Schilfrohr die bekannte Flöte schuf, erfahren wir in der Sage von der Verwandlung der Nymphe Syrinx. Ovid erzählt sie uns in den Metamorphosen (Ov. met. 1,689ff).

Die Sage: Artemis, die Göttin der Jagd, zog einst durch die arkadischen Lande und erfreute sich daran, die wilden Tiere zu jagen. Es begleiteten sie mehrere Nymphen, die sie auserkoren hatte, in ihrem Gefolge zu dienen. Auch die schöne Nymphe Syrinx war mit der Göttin auf der Suche nach verstecktem Wild und durchstreifte nun Wälder und Fluren. Dort erblickte sie der Hirtengott Pan und war betört von ihrer Schönheit. Er trat an sie heran und gestand ihr sein Verlangen. Doch Syrinx war bestürzt über sein dreistes Begehren und floh vor ihm, um ihre Jungfräulichkeit zu bewahren. Voller Angst gelangte sie von Pan verfolgt an die Ufer des Flusses Ladon. Das Wasser, in das sie nun flüchtete, hinderte ihren schnellen Lauf und Pan konnte sie beinahe berühren. Da flehte Syrinx zu ihren Schwestern, den Flussnymphen, um Rettung vor dem drängenden Gott. Mit einer Verwandlung halfen ihr die Schwestern aus der Not, und Syrinx wurde zum Schilfrohr. Doch Pan, der nun allein das Schilf in den Händen hielt, betrauerte die verwandelte Nymphe. Als er voll Kummer seufzte, wehte ein leiser Hauch durch das Röhricht, und es entstand ein klagender, aber auch wunderbarer Klang. Pan bestaunte die Töne und bewahrte sie sich als Erinnerung an die schöne Nymphe. Denn aus den Stücken des Schilfrohrs fertigte er sich die Flöte, die er nach der schönen Syrinx benannte und zu seinem Instrument erwählte – die Panflöte.

Silberpappel

Biologie: Pappeln zählen zu den Weidengewächsen und sind mit rund 40 Arten in Europa, Asien, Nordafrika und Nordamerika heimisch. Einige schnellwachsende Arten – v. a. die Kanadische Pappel (*Populus x canadensis*) –

sind von forstwirtschaftlichem Interesse. Die Silberpappel (*Populus alba*) stammt aus den gemäßigten Gebieten Eurasiens und wird heute gerne als Park- und Alleebaum gepflanzt. Charakteristisch für diese Pappelart sind die weißfilzigen Blattunterseiten, die dem Baum auch im gesamten Erscheinungsbild ein silbrig-weißes Aussehen verleihen. Mit 30–40 m Höhe sind die Pappeln bei uns mit die mächtigsten Bäume. Sie bevorzugen feuchte Böden, weshalb man sie vermehrt gerade in Auwäldern findet. Aufgrund ihrer zahlreichen Wurzelaustriebe pflanzt man die Silberpappel gerne dort, wo unsichere und zu lockere Böden natürlich befestigt werden sollen.

Blütezeit: März – April.

Historisches: In Griechenland war und ist die Silberpappel in feuchten Gebieten ein oft landschaftsbestimmender Baum. Aus Rinde, Blättern und Harz dieses Baumes stellte man allerlei Essenzen her, die medizinisch sinnvollen Zwecken, aber auch der Quacksalberei und dem Aberglauben dienten. Zu den Festen des Halbgottes Herakles, dem die Silberpappel geheiligt war, schmückten die Menschen dessen Bilder und sich selbst mit den Zweigen und Blättern dieses Baumes.

Mythologie: Schon früh in der Antike verstand man die Silberpappel wegen der weißfilzigen Unterseite ihrer Blätter als Symbol des Lichtes. Sie trat somit in enge Beziehung zu Herakles, den man in Griechenland mit dem phönikischen Sonnengott Melquart gleichsetzte und als Lichtgottheit verehrte. In der Folge wurde oft von der Silberpappel als Lieblingsbaum des Herakles gesprochen. Doch zugleich war der Baum ein Symbol der Trauer und der Unterwelt, denn das schwache Grün der Blätter, die hellen Blattunterseiten und die silbrige Rinde verleihen dem Baum ein fahlweißes Aussehen, das die Menschen der Antike mit dem Reich der Toten in Beziehung setzten. So soll sich Herakles, als er aus der Unterwelt emporstieg, zum Zeichen des Sieges über die dort bestandenen Gefahren mit den Zweigen dieses Baumes bekränzt haben.

Die Vorstellung, dass die Silberpappel – griech. *leuke* – besonders in der Unterwelt heimisch sein sollte, versuchte man sich durch die Sage von der Meeresnymphe Leuke zu erklären. In dem Vergil-Kommentar des Servius (Serv. Verg. Ecl. 7,61) erfahren wir von dem Schicksal dieser Okeanide.

Die Sage: Einst weilte Hades, der Herrscher über das Reich der Toten, auf Erden und erblickte dort die Okeanide Leuke. Von ihrer Schönheit verzückt, entführte er die Nymphe und führte sie mit sich in sein Reich; dort lebte die Entführte bis zu ihrem Tode. Hades aber, der um die verstorbene Geliebte trauerte, ließ als Trost für diesen Verlust und zur Erinnerung an sie im Elysion, dem Gefilde der Seeligen, die Silberpappel emporwachsen, die fortan den Namen der geliebten Nymphe Leuke tragen sollte.

Walnussbaum

Biologie: Dieses Walnussbaumgewächs ist heute mit rund 10 Arten im südöstlichen Europa, dem gemäßigten Asien, Nordamerika und den nördlichen Anden vertreten. Seine ursprüngliche Heimat lag in dem Gebiet, das Armenien, den Kaukasus, Persien und Burma umfasst. Der Walnussbaum bevorzugt nicht zu feuchte, aber auch nicht zu trockene Böden, hat einen großen Lichtbedarf und kommt deshalb auch meistens freistehend vor. Gegen zu niedrige Temperaturen zeigt er sich empfindlich. Zum einen ist die gemeine Walnuss (*Juglans regia*) ein wichtiges Wirtschaftsholz, zum anderen liefert sie mit den Walnüssen selbst, aus denen auch ein schmackhaftes Speiseöl hergestellt wird, ein hochwertiges Nahrungsmittel.
Blütezeit: April – Mai.

Historisches: Aus dem Gebiet des nördlichen Kleinasien stammend, war der Walnussbaum wahrscheinlich schon in der Frühzeit im Mittelmeergebiet wild verbreitet. Das Holz und die Nüsse dieses Baumes schätzte man auch im Altertum, Blätter und Früchte fanden in der Heilkunde Verwendung.

Mythologie: Die lateinische Bezeichnung für den Walnussbaum – *iuglans* (aus: *Iovis glans*, d.h. die Eichel des Jupiter) – war anfangs auf die Früchte der Eiche, des heiligen Baumes des obersten Gottes – bezogen. Dies lässt darauf schließen, dass die Beziehung der Eiche zu Jupiter später auch auf den Walnussbaum übertragen worden ist. Wichtiger scheint die Beziehung zu Dionysos, dem Gott des Weines und der Ekstase, dem der Walnussbaum – griech. *karya* – geheiligt war. Denn die grün-braune, fleischige Fruchtschale, symbolisierte ein fülliges und lustbetontes Leben.

Der Mythologie zufolge erklärte sich die Beziehung des Walnussbaumes zu Dionysos aus der Verwandlung der Jungfrau Karya, der Geliebten dieses Gottes. Im Vergil-Kommentar des Servius erfahren wir, wie es zu dieser Verwandlung kam (Serv. Verg. Ecl. 8,29).

Die Sage: In Lakonien herrschte einst König Dion mit seiner Gemahlin Amphitea. Sie hatten drei wunderschöne Töchter, Orphe, Lyko und Karya. Eines Tages hatten der König und seine Familie den Gott Apollon in Gastfreundschaft bei sich aufgenommen und ihn großzügig bewirtet. Um ihnen diesen Dienst zu entgelten, hatte Apollon den drei Töchtern einen Blick in die Zukunft gewährt, sie aber auch davor gewarnt, diese Weissagung weiterzuerzählen und Dinge erfahren zu wollen, die sie nicht wissen dürften. Mit dieser Mahnung hatte er die königliche Familie verlassen.

Tage später kehrte der Gott Dionysos bei Dion ein, und auch er wurde gastfreundlich bewirtet. Während des Aufenthalts im Palast verliebte sich der

Gott in die junge Karya. Das Verlangen nach der schönen Königstochter war so groß, dass er sie eines Nachts verführte. Nachdem Dionysos seine Gastfreunde wieder verlassen hatte, spürte er, dass ihn die Liebe zu Karya gefangen hielt. So kehrte er um und begab sich wieder zu Dion, unter dem Vorwand, einen Tempel einweihen zu wollen, den der König ihm feierlich versprochen hatte. Die beiden anderen Töchter des Königs aber, Orphe und Lyko, hatten die Liebschaft zwischen ihrer Schwester und Dionysos entdeckt und fingen an, Karya zu bewachen, um weitere Zusammenkünfte der Liebenden zu verhindern. Dionysos bemerkte ihr Vorhaben und ermahnte sie streng, an die einstige Mahnung des Apollon, dass sie nichts Verbotenes wissen sollten, zu denken und ihre Bewachung zu beenden. Als der Gott aber sah, dass sich Orphe und Lyko von ihrem Tun nicht abbringen ließen, strafte er sie mit Wahnsinn, entführte sie und verwandelte sie am Berg Taygetos in Felsen. Die geliebte Karya aber ließ er zum Baum ihres Namens werden – zum Walnussbaum.

Weihrauchbaum

Biologie: Der Weihrauchbaum gehört zu den Balsambaumgewächsen und ist in den trockenen Gebieten Ostafrikas, der arabischen Halbinsel und Indiens mit über 20 Arten vertreten. Vor allem von der Weihrauchbaumart *Boswellia carteri* wird ein Gummiharz gewonnen, das an der Luft zu bräunlich bis gelb-rötlich gefärbten Körnern erstarrt, der Weihrauch. Beim Erhitzen dieser Körner entsteht ein angenehmer Wohlgeruch. In der christlichen Liturgie wird der Weihrauch seit dem 4./5. Jh. verwendet.
    Blütezeit: nach der Regenzeit.

Historisches: Die Verwendung des Weihrauchs bei kultischen Feiern stammt ursprünglich aus den Ländern des Orients. Den Griechen war dieses Harz nur aus Arabien bekannt. Hier lagen (wohl seit der Mitte des 3. Jh. v. Chr.) die wichtigsten Handelswege, die – vom Süden der arabischen Halbinsel ausgehend – schließlich in Damaskus oder Aleppo und damit am Mittelmeer endeten. Das duftende Harz verbrannten die Griechen als Wohlgeruchsopfer bei vielen Kulten, Mysterien und Orakeln. In Rom verwendete man Weihrauch bei öffentlichen und privaten Opferfeierlichkeiten sowie im Totenkult.

Mythologie: Die orientalische Herkunft des Weihrauchbaums sowie des Harzes selbst wird in der Sage von der Entstehung des Weihrauchbaums deutlich. Ovid erzählt sie uns in den Metamorphosen (Ov. met. 4,194ff.).

Leukothoë erliegt der drängenden Liebe des Helios

Die Sage: Der Sonnengott Helios liebte einst die Titanentochter Klytië. Doch eines Tages hatte er Leukothoë, die Tochter des Perserkönigs Orchamos, erblickt und war von ihrer Schönheit überwältigt. Um der neuen Eroberung willen wandte er sich nun von Klytië ab. Der Sonnengott war so gefesselt vom Anblick der Leukothoë, dass er seine Aufgaben vernachlässigte: Die Sonne erschien entweder zu früh am Morgenhimmel oder tauchte am Abend zu spät in die Fluten des Meeres. Auch die Tage im Herbst waren länger als sonst. Denn Helios blieb länger am Himmel, um Leukothoë ausgiebig betrachten zu können. Schließlich konnte er seine Begierde nicht länger zurückhalten und begab sich während der Nacht zum Palast des Perserkönigs. Hier betrat er die Kammer Leukothoëns in Gestalt ihrer Mutter und schickte die Mägde, die der Königstochter beim Spinnen halfen, hinaus. Dann zeigte er sich in seiner wahren Gestalt und gestand Leukothoë seine unbändige Liebe. Überwältigt vom Glanz des Sonnengottes konnte sich die Königstochter gegen die Zudringlichkeit nicht wehren und fügte sich der gewalttätigen Liebe des Helios.

Diese Verbindung aber hatte die eifersüchtige Klytië erspäht und sann nun auf Rache gegen Leukothoë. Geschwind ging sie zum König und berichtete von dem Geschehen, ohne jedoch zu erwähnen, dass Leukothoë Gewalt angetan worden war. Erzürnt über die unzüchtige Tochter entschied der König, dass sie lebendig begraben werden solle. Und so geschah es. Helios, der dies mit angesehen hatte, wollte seine Geliebte aus diesem Grab befreien, doch Leukothoë war bereits tot. Auch sein Versuch, die Geliebte mit wärmenden Strahlen wieder zum Leben zu erwecken, war vergebens. Nur ein Mittel blieb ihm, um doch noch mit seiner Geliebten vereinigt zu sein: Er versprengte über dem Grab duftenden Nektar. Nachdem dieser die Erde durchtränkt und die tote Leukothoë benetzt hatte, wuchs aus ihrem Leib der Weihrauchbaum hervor. Das Harz, das diesem Baum entrann, war wegen seines Wohlgeruches geschätzt; und immer wenn man es verbrannte, stieg Leukothoë als göttlicher Duft zum Himmel und dadurch auch zu Helios auf.

Zypresse

Biologie: Die gehört zu den Zypressengewächsen und ist vom Mittelmeergebiet bis zum Himalaja mit 15 Arten vertreten. Dieser immergrüne Nadelbaum ist einerseits sehr kälteempfindlich, andererseits sehr widerstandsfähig gegen Trockenheit. Die Echte Zypresse (*Cupressus sempervirens*) hat durch ihre zum Stamm fast parallel verlaufenden Äste eine charakteristische, nach oben hin spitz zulaufende Form, die ihr den Spitznamen „Regenschirm" eintrug. Sie stammt aus dem östlichen Mittelmeergebiet und wird bis zu 25 m hoch. In Gebieten mit milden Wintern ist die Zypresse von alters her angepflanzt worden, so in der Toskana und der Provence. In Deutschland wird sie als Zierbaum geschätzt.
Blütezeit: je nach Verbreitungsgebiet März – Juni.

Historisches: Besonders das Holz der Zypresse schätzte man, da es wohlduftend ist und als nahezu unverwüstlich galt. So eignete es sich gerade wegen seiner Widerstandsfähigkeit ausgezeichnet zum Anfertigen von Kultbildern, Tempeltüren und -schreinen sowie zum Schiffsbau. In der Medizin dienten die verschiedenen Teile der Zypresse als Heilmittel insbesondere für Frauenkrankheiten. Auch die Tiermedizin nutzte die Inhaltsstoffe dieses Baumes. Große Bedeutung hatte die Zypresse in Griechenland als Trauerbaum und wurde daher häufig an Grabstätten gepflanzt.

Mythologie: Die Zypresse war in der Antike nicht nur ein Symbol für Trauer und Tod, sondern spielte auch bei der Verehrung von Lichtgottheiten eine Rolle. Ihre spitze, flammenartige Form mag diese Verbindung begünstigt haben. So galt sie in Griechenland als heiliger Baum des Apollon, war aber u. a. auch den Erdgöttinnen Kybele, Artemis, Eurynome und Persephone beigegeben. In Rom verband man die Zypresse ebenfalls mit dem Reich der Toten.

Die Eigenschaften der Zypresse – griech. *kyparissos* – als Baum der Trauer einerseits und ihre Beziehung zum Lichtgott Apollon andererseits erklären sich aus ihrer Entstehungssage, die uns Ovid in den Metamorphosen erzählt (Ov. met. 10,106ff).

Die Sage: Die Nymphen von Karthaia auf der Insel Keos hatten einst einen jungen Hirsch gezähmt, sodass er gegenüber allen Menschen sehr zutraulich war. Auch die Menschen selbst fanden Gefallen an dem freundlichen Tier. Vor allen aber hatte Kyparissos, der Sohn des Telephos und Liebling des Gottes Apollon, den Hirsch ins Herz geschlossen. Oft führte er ihn zum Fressen auf die Weide und begleitete ihn zur Tränke. Der Hirsch ließ Kyparissos sogar auf seinem Rücken reiten. So waren beide über die Zeit Freunde geworden. Eines Tages lag der Hirsch im Schatten eines Baumes, um sich vor der stärksten Mittagshitze zu schützen. Kyparissos aber übte sich auf der angrenzenden Weide im Speerwurf. Und wieder schleuderte er jetzt den Speer weit hinaus. Doch er hatte Entfernung und Richtung diesmal nicht richtig bemessen. Der Speer sauste durch die Luft, und am Ende seines Fluges durchbohrte er schließlich den schlafenden Hirsch. Groß war das Entsetzen bei Kyparissos, als er seinen Gefährten tot darniederliegen sah. In tiefem Schmerz trauerte er und wünschte sich, sterben zu können. Da erschien Apollon und bat den Jüngling, den Hirsch nicht über die Maßen zu beweinen. Doch Kyparissos ließ sich nicht trösten und erflehte von den Göttern als letztes Geschenk, auf ewig trauern zu dürfen. Da wurde Kyparissos in den Baum verwandelt, der seitdem seinen Namen trägt – die Zypresse. Apollon aber, des trauernden Geliebten eingedenk, verfügte, dass die Zypresse den Menschen fortan ein Baum der Trauer sein sollte.

Kyparissos flieht zu Apollon und wird von ihm in die Zypresse verwandelt

Verwandlungssagen – Tiere

Adler

Biologie: Die zählen zu den größten Greifvögeln und sind hauptsächlich in Nordamerika, Eurasien und Nordafrika vertreten. Mit ihren bis über 2 m Spannweite (Steinadler) messenden Flügeln sind sie hervorragende Segler. Selbst aus großen Höhen vermögen sie aufgrund der Sehschärfe ihrer Augen auch kleine Tiere am Boden zu erspähen. Ist die Beute fixiert, stößt der Adler nieder und ergreift sie mit seinen kräftigen Fängen. An Aas gehen Adler nur selten. Ihre Nester (Horste) errichten die Adler auf Felsvorsprüngen oder hohen Bäumen. Trotz der zwei bis drei Eier im Gelege wird oft nur ein Junges pro Jahr großgezogen, wodurch der Bestand, der durch menschliche Einflüsse ohnehin bedroht ist, zusätzlich begrenzt wird.

In Deutschland hat der Schutz der Steinadler (*Aquila chrysaetos*) und ihrer Horste dazu beigetragen, dass sich der stark dezimierte Bestand zumindest in den Gebirgen wieder stabilisiert hat.

Historisches: Das majestätisch anmutende Kreisen in großen Höhen und die Kraft, mit der er seine Beute schlägt, ließen den Adler schon im Alten Orient zu einem Symbol für gottbegnadetes Herrscher- und Siegertum werden. Für die Griechen und Römer war der Adler der einzige Vogel, dem es gestattet war, bei den Göttern zu wohnen. So sah man in ihm den Blitz- und Waffenträger sowie den Boten des höchsten Gottes. Durch seine Nähe zu den Göttern erhielt der Adler eine herausragende Bedeutung in der Weissagung, indem aus seinem Kreisen in der Luft Vorzeichen für politische und militärische Unternehmungen abgeleitet wurden. Als königliches Münz- und Wappenzeichen führte Alexander der Große den Adler in Europa ein.

Ab dem 1. Jh. v. Chr. war der Adler das bedeutendste Feldzeichen der römischen Legionen und seit Augustus das Wappen der römischen Kaiser. So ließ man bei der feierlichen Verbrennung eines verstorbenen Kaisers einen Adler auffliegen, auf dem man sich die Seele des nun vergöttlichten Kaisers zu den Göttern aufsteigend dachte.

Mythologie: Eine Fülle von Sagen rankt sich in der antiken Mythologie um den Adler als Vogel des höchsten Gottes Zeus. Herrschaft und Sieg repräsentiert er im Auftrag seines göttlichen Gebieters. Wie der Adler zu dieser hervorragenden Stellung unter den Tieren und zu fast göttlichen Ehren kam, berichtet uns Antoninus Liberalis (Anton. Lib. 6).

Die Sage: In grauer Vorzeit herrschte in Attika König Periphas gütig und gerecht über die Menschen; die Götter verehrte er wie kein anderer, besonders Apollon brachte er reichlich Opfer dar. Da alle Menschen seine Weisheit und Güte bewunderten, begannen sie, ihren König mehr zu verehren als den Göttervater Zeus. Doch als dieser gewahr wurde, dass die Sterblichen ihm immer weniger Ehren zuteil werden ließen, erzürnte er und sann auf Bestrafung des Periphas. Schon wollte er den König mit einem einzigen Blitz vernichten, als Apollon an ihn herantrat und versuchte, den Göttervater zu besänftigen. Periphas habe immer die Götter geehrt, fromm und rechtschaffen gelebt und nichts verschuldet. Zeus solle ablassen von seinem Zorn. Doch gänzlich versöhnt war Zeus durch diese Fürsprache nicht und trachtete immer noch danach, die Verehrung, die die Menschen dem Periphas entgegenbrachten, auszulöschen. So begab er sich hinab in die Gemächer des Königs und verwandelte diesen in einen Vogel – den Adler. Um aber die Frömmigkeit des Periphas, dessen Gerechtigkeit und Weisheit dennoch zu entlohnen, ernannte Zeus den Adler zum König der Vögel, vertraute ihm die Obhut seines herrschaftlichen Zepters an und gestattete ihm, sich seinem Throne zu nähern. So wurde der Adler zum königlichen und dem obersten Gott würdigen Vogel erhoben.

Affe

Biologie: Affen sind im gesamten Bereich der Tropen und Subtropen verbreitet. Dabei werden die in Südamerika beheimateten Neuwelt- oder Breitnasenaffen aufgrund anatomischer Merkmale (breite Nasenscheidewand, gut ausgebildeter Greifschwanz) von den in Afrika und Asien lebenden Altwelt- oder Schmalnasenaffen unterschieden. In Europa lebt nur der Magot (*Macaca sylvanus*; Hundsaffe, Berberaffe), jedoch ausschließlich auf Gibraltar beschränkt.

Affen ernähren sich in der Regel von Mischkost, zu der auch – z.B. bei Pavianen und Schimpansen – kleine Säugetiere gehören können. Obwohl die meisten Affen Baumbewohner sind und gut klettern können, haben sich v. a. Paviane, Gorillas und Schimpansen mit der vierfüßigen Fortbewegung auch an das Leben am Boden angepasst. Diese Affenarten leben in größeren (Paviane) und kleineren (Schimpansen) Familienverbänden, in denen eine feste Rangordnung, Arbeitsteilung und ein differenziertes Kommunikationssystem ausgebildet sind. Auch wenn zwischen den Menschenaffen – Gorilla, Orang-Utan und Schimpanse – einerseits und dem Menschen andererseits in Bezug auf Anatomie, Erbgut und geistige Fähigkeiten Unterschiede bestehen, gehören doch gerade diese Affenarten stammesgeschichtlich in die nächste Verwandtschaft des Menschen.

Historisches: Hundsaffe, Pavian und Meerkatze waren im Altertum wohl die bekanntesten Affenarten – zumindest im Mittelmeerraum. Dem Pavian ließen die Ägypter sogar göttliche Ehren zuteilwerden. In Rom dressierte man gerne besonders die Meerkatze und ließ sie zur Unterhaltung allerlei Späße vollführen. Fleisch und Fett der Affen wurden auch als medizinische Heilmittel gegen die unterschiedlichsten Gebrechen empfohlen.

Im Gegensatz zu der belustigenden und unterhaltsamen Rolle, die die Affen als Haustiere spielten, waren sie für die Schriftsteller Symbol der Boshaftigkeit und des hässlichen Aussehens.

Mythologie: In der Mythologie dachte man sich die Affen – allgemein griech. *pithekoi* genannt – auf der Insel Pithekusa, der Affeninsel (dem heutigen Ischia) beheimatet. Einen Beweis dafür, dass auf Ischia im Altertum wirklich Affen lebten, gibt es nicht. Ovid allerdings nennt uns die Insel Pithekusa als Wohnort der in Affen verwandelten Kerkopen (Ov. met. 14,91ff.).

Die Sage: Die Kerkopen, einstmals ein wildes und heimtückisches Volk, trieben mit jedem Fremden, der sich durch ihr Gebiet wagte, ihr Unwesen. Denn sie waren Räuber und eine Ausgeburt der Bosheit und Hinterlist. Hätten sie jedoch nur die Sterblichen mit ihrem heimtückischen Wesen gequält, wäre ihnen ihr Schicksal wohl erspart geblieben. Aber sie wagten es einmal, sogar den Göttervater Zeus zu beleidigen. Mit Zorn und Verachtung für diese hinterlistigen Wilden setzte dieser dem Treiben ein Ende. Er nahm ihnen die Sprache, mit der sie zuvor nur Lügen verbreitet hatten, ließ ihnen am ganzen Körper Fell wachsen, gab ihnen ein hässliches Gesicht und verwandelte sie so in Affen. Schließlich verbannte er sie auf diejenige Insel, die man später nach diesen wilden und boshaften Wesen auch Pithekusa, die Affeninsel, nannte.

Dohle

Biologie: Diese sehr gesellig lebenden Rabenvögel (Dohle, *Corvus monedula*) sind in Nordwestafrika, Europa und bis nach Sibirien hin verbreitet. In den Wintermonaten fallen sie in großen Schwärmen von Osten her nach Mitteleuropa ein und überwintern hier oft in Gemeinschaft mit Raben- und Saatkrähen. Ihre Nahrung besteht aus Würmern, Insekten und anderen Kleintieren, gelegentlich begnügen sie sich auch mit pflanzlicher Kost (bes. Saatgut). Da sie sich gern in der Nähe von Siedlungsgebieten aufhalten, suchen sie gelegentlich auch auf Mülldeponien nach Fressbarem. In ihren Nestern, die sie als Höhlenbrüter in Felslöchern, Baumhöhlen und Mauernischen anlegen, finden sich drei bis sieben Eier. Meist werden fünf Junge pro Jahr großgezogen.

Mit dem Sozialverhalten der Dohlen hat sich der Verhaltensforscher Konrad Lorenz intensiv beschäftigt.

Historisches: In der Antike galten die Dohlen als ungeschickte, diebische und zänkische Vögel. Sehr unbeliebt machten sie sich bei den Bauern, wenn sie in großen Schwärmen auf den gerade bestellten Feldern einfielen und das Saatgut wegfraßen. Glänzende Gegenstände – meist aus Gold – sollen eine große Anziehungskraft auf die Dohlen ausgeübt haben, sehr zum Leidwesen der Eigentümer.

Mythologie: Die der Dohle nachgesagte Vorliebe für goldene Gegenstände versuchte man in der Mythologie mit der Habgier der Arne, der Urahnin aller Dohlen, zu erklären (Ov. met. 7,456f.).

Die Sage: Um den Tod seines Sohnes Androgeos zu rächen, überzog einst König Minos von Kreta ganz Griechenland mit Krieg. Seiner großen Flotte konnte niemand auf Dauer Widerstand leisten. So unterwarf er Megara und schließlich auch Athen, das er für den Tod seines Sohnes verantwortlich machte. Als er auch die Kykladeninsel Siphnos niederzwingen wollte, kam ihm Verrat zuhilfe. Arne, eine Frau von der belagerten Insel, bot Minos an, ihn bei der Eroberung der Insel mit ihrem Rat zu unterstützen. Als Gegenleistung verlangte sie eine bestimmte Menge Gold. Minos willigte ein, gab ihr den Lohn und eroberte schließlich die Insel Siphnos. Arne aber, die ihre Heimat um des Goldes willen verraten hatte, wurde zur Strafe für dieses Verbrechen von den Göttern in den Vogel verwandelt, der auch forthin das Gold liebt – die Dohle.

Elster

Biologie: Die zu den Rabenvögeln zählenden Elstern (*Pica pica*) sind in ganz Eurasien und Nordamerika beheimatet. Sie gehören zu den typischen Kulturfolgern unter den Vögeln. Als Nesträuber sind sie besonders bei Vogelliebhabern nicht gern gesehen und deshalb manchmal intensiver Verfolgung ausgesetzt. Wenn sie nicht gerade fremde Nester berauben, ernähren sie sich von Würmern, Insekten und anderen Kleintieren; auch finden sie sich gerade im Winter nicht selten auf Müllhalden ein, um Nahrung zu suchen. Diese wird zum Fressen häufig ins Nest getragen. Charakteristisch für das Elsternnest, das von beiden Altvögeln gebaut wird, ist seine Überdachung, sodass es ein kugelförmiges Aussehen erhält. Aus den sechs bis sieben Eiern im Nest wird eine zahlreiche Nachkommenschaft herangezogen. Bekannt ist die Elster zum einen für ihr kratziges Rufen, das sog. Schackern, zum anderen für ihr Interesse an glänzenden Gegenständen. Besonders zahme Elstern übertragen ihr angeborenes Eintragen von Nahrung ins Nest gelegentlich auch auf Schmuckgegenstände ihrer menschlichen Nachbarn.

Historisches: Auch für die Menschen der Antike war die Zudringlichkeit und das Krächzen der Elstern häufig unangenehm. Überzeugt war man allerdings davon, dass diese Vögel die Fähigkeit besitzen, die menschliche Sprache nachzuahmen.

Mythologie: Die Sprachfähigkeit der Elstern und ihre sprichwörtliche Geschwätzigkeit einerseits und das unangenehme Krächzen andererseits erklärte die antike Mythologie mit der Sage von den Pierostöchtern. Ovid erzählt uns diese Begebenheit (Ov. met. 5,294ff. und 662ff.).

Die Sage: In Makedonien herrschte einst König Pieros von Pella. Seine Gemahlin Euhippe gebar ihm neun Töchter, die Pieriden, die sich, als sie herangewachsen waren, in den schönen Künsten übten. Doch ihre Begabung und ihr Können ließen sie allmählich dem Hochmut verfallen, sodass sie eines Tages die neun Musen zu einem Wettstreit herausforderten. In schmählicher Weise verhöhnten Pieros Töchter die Göttinnen schon vor dem Wettstreit, sie würden schöner und kunstvoller singen als irgendjemand sonst; die Nymphen sollten die Richter sein. Erzürnt, aber auch angespornt, nahmen die Musen schließlich die Herausforderung an. So maßen sich die Sterblichen mit den Göttinnen. Die Musen aber bewiesen ihr Können; denn als der Wettstreit beendet war, sprachen die Nymphen ihnen einstimmig den Sieg zu. Die Pierostöchter aber wollten sich dem Schiedsspruch widersetzen und schmähten die Siegerinnen. Voll Zorn über so viel Anmaßung der Sterblichen verwandelten die Musen alle neun Schwestern in Elstern – Vögel, die seither in ihrer Redseligkeit nichts anderes mehr tun, als mit krächzenden Lauten zu schwatzen.

Fischadler

Biologie: Dieser große Greifvogel lebt fast weltweit an Seen, Flüssen und in ruhigen Küstengebieten. Wie sein Name andeutet, ernährt sich der Fischadler (*Pandion haliaëtus*) nahezu ausschließlich von Fischen, die er weit über der Wasseroberfläche im Rüttelflug erspäht und beim Stoßtauchen mit den kräftigen Fängen ergreift. Bis zu 2 kg schwere Fische können ausgewachsene Fischadler davontragen. Ihre Horste errichten sie auf hohen Bäumen, die Gelege mit bis zu drei Eiern gehören zu den größten im Vergleich mit anderen Adlern.

Als Brutvogel ist der Fischadler wegen der Verfolgung durch den Menschen bei uns heute sehr selten geworden; meist kann man ihn in Mitteleuropa nur noch auf seinem Zug in die Brutgebiete nach Nordosteuropa beobachten. Seine Winterquartiere reichen bis Südafrika. Unverwechselbar macht den Fischadler sein weißblonder Gefiederschopf an der Rückseite des Kopfes

Historisches: Besonders den Fischern und Seeleuten des Mittelmeergebietes war der Fischadler ein bekannter und wichtiger Vogel, denn man meinte aus seinem Flug Hinweise auf lohnende Fischzüge und nahende Stürme lesen zu können. So wurde er zum Münzwappen und Wahrzeichen vieler Städte an der Schwarzmeerküste und am Hellespont. In Olympia ließ man als Startzeichen für Pferderennen ein Bild eines Fischadlers in die Luft steigen und das eines Delphins zu Boden hinabstürzen.

Mythologie: Aufgrund seines charakteristischen Gefiederschopfes sah man im Fischadler den verwandelten König Nisos, der eine kraft- und lebenserhaltende Haarsträhne auf seinem Kopf trug. Die Sage vom Schicksal dieses Königs lesen wir bei Ovid (Ov. met. 8,6ff).

Die Sage: Über die Stadt Megara herrschte einst König Nisos. In seinem ergrauten Haar fand sich eine rotgefärbte Strähne, die ihm die Lebenskraft und das Glück seines Reiches erhielt. Somit war die Stadt bisher von jeglicher ernsten Bedrohung verschont geblieben, bis König Minos von Kreta mit seiner Flotte vor der Küste des Königreichs erschien, um Nisos zu bestrafen, da er ihn am Tod seines Sohnes für mitschuldig erachtete. So belagerte Minos schon sechs Monate die uneinnehmbare Stadt. Doch die Tochter des Nisos, Skylla, sollte dem Kampf eine unerwartete Wendung geben. Sie hatte von den Mauern der Stadt immer wieder König Minos beim Kampf beobachtet und war voller Bewunderung für die Anmut und die Schönheit dieses Kriegers. Aus dieser Bewunderung erwuchs in Skylla allmählich erst Leidenschaft, dann Liebe. Das unstillbare Verlangen wurde so groß, dass sie um jeden Preis mit dem feindlichen König verbunden sein wollte. Nach langem, innerem Kampf entschied sich die Königstochter schließlich, den eigenen Vater und die Heimat an Minos zu verraten, um dem Krieg so schnell wie möglich ein Ende zu setzen und den geliebten Minos unversehrt in die Arme schließen zu können. So entschied sie sich schweren Herzens, aber von der Leidenschaft überwältigt für die frevlerische Tat: In der Stille der Nacht betrat sie die Gemächer des Vaters und schnitt ihm die schützende Haarsträhne ab. Damit verließ sie die Stadt, eilte in das Lager des Feindes und bot sich selbst dem Minos als Gemahlin und die Haarsträhne als siegversprechende Mitgift an. Doch so kriegerisch Minos auch war, diese Untat ließ ihn erschaudern. Mit zornigen Worten wies er sie von sich, und nachdem er das schutzlos gewordene Megara schließlich erobert hatte, befahl er den Rückzug und segelte heim nach Kreta. Skylla stürzte sich gekränkt und wutentbrannt dem Schiff hinterher

Minos weist Skylla von sich

in die Fluten. Der alte König Nisos aber war durch den Verlust seiner Strähne immer schwächer und sterbend schließlich zum Fischadler geworden, dessen Gefiederschopf noch heute von der einstigen Macht kündet.

Fledermaus

Biologie: Die mit rund 750 Arten weltweit vertretenen Fledermäuse sind die einzigen Säugetiere, die Flugfähigkeit erlangt haben. Wenn sich auch einige Arten auf Nektar, Pollen, kleine Wirbeltiere und Blut als Nahrung spezialisiert haben, so sind doch alle in Europa ansässigen Arten Insektenfresser. Das eher flatterhafte Fliegen ermöglichen die zwischen den Vorder- und Hinterextremitäten sowie dem Körper aufgespannten Flughäute. Die Augen sind zum wendigen und sicheren Fliegen im Dunkeln nicht dienlich und sehr klein. Groß dagegen sind die Ohren; sie gehören zu dem navigatorischen Apparat, der es den Tieren ermöglicht, ihre Umwelt sehr genau wahrzunehmen. Die durch Nase oder Mund ausgestoßenen Ultraschallaute (20–140 kHz, also oberhalb der menschlichen Hörgrenze) werden von den Objekten der Umgebung reflektiert und von den Ohren wieder aufgefangen. Die Genauigkeit der Wahrnehmung der Außenwelt durch diese Ultraschallortung entspricht der Leistungsfähigkeit unserer Augen. Untereinander verständigen sich die Tiere mit piepsenden und schrillen Lauten. Den Tag und die Zeit des Winterschlafes verbringen sie an ihren Hinterbeinen hängend in Fels- und Baumhöhlen sowie in Dachböden.

Historisches: Die Menschen in frühantiker Zeit hielten die Fledermäuse lange für dämmerungs- und nachtaktive Vögel. Seit Aristoteles (4. Jh. v. Chr.) musste es jedoch – zumindest für einigermaßen belesenen Menschen eindeutig sein, dass es sich um Säugetiere handelt. Den Fledermäusen sprach man aufgrund ihres nächtlichen Treibens eine gewisse Schutzfunktion gegenüber Dämonen zu. Neben diesen magischen Kräften galt besonders das Blut der Fledermäuse als Universaltherapeutikum im täglichen Leben. Ob ihres Vermögens, sich selbst bei tiefster Dunkelheit schnell und sicher durch die Lüfte bewegen zu können, ohne ein Hindernis zu berühren, betrachtete man die Fledermaus häufig als ein Symbol für Klugheit.

Mythologie: Eine Erzählung in Homers Odyssee lässt vermuten, dass die Menschen der Antike sich die Seelen der Verstorbenen in Gestalt von Fledermäusen vorgestellt haben: Odysseus hatte die Freier, die seine Gemahlin Penelope umworben hatten, getötet, und Hermes führte nun ihre Seelen in die Unterwelt. Dabei schwirrten und flatterten sie hinter ihm her wie Fledermäuse (Hom. Od. 24,1ff.). So galten diese Tiere auch als „Vögel" der Unterwelt.

Das flatterhafte Treiben im Dunkeln und die piepsenden Laute der Fledermäuse finden ihre Erklärung in der Sage von den Töchtern des Minyas (Ov. met. 4,1ff. und 389ff).

Die Sage: Minyas, der König von Theben, hatte drei Töchter: Alkithoë, Leukippe und Arsippe. Diese weigerten sich, an den Festlichkeiten des Dionysos teilzunehmen. Während die anderen Frauen all ihre Handarbeiten liegen ließen und dem Gotte huldigten, blieben des Minyas Töchter lieber an ihren Webstühlen sitzen und erzählten sich Geschichten. Doch Dionysos ließ diesen Frevel nicht ungestraft: Plötzlich erschallten – von unsichtbaren Zechern gespielt – Flöten und Trompeten, und das Haus war von Fackeln erleuchtet. Die Webstühle verwandelten sich in Weinstöcke, die Fäden in Ranken, und überall grünte das Weinlaub. Die drei Schwestern erschraken zutiefst und flohen vor dem Getöse und dem unheimlichen Licht. Doch während sie sich nun in die entlegensten Winkel des Hauses zu flüchten versuchten, spannte sich zwischen ihren Armen eine dünne Haut, und alles, was sie zu sprechen vermochten, war nur noch ein leises Piepsen und Zirpen. Zur Strafe für ihre Missachtung hatte sie Dionysos in Fledermäuse verwandelt. Seitdem bewohnen diese Tiere die entlegensten Winkel der Häuser und meiden jegliches Licht.

Frosch

Biologie: Die Echten Frösche gehören zu den Froschlurchen und sind mit vielen Arten fast weltweit vertreten. Charakteristisch ist die vorne am Mundboden festgewachsene, lange Zunge, die herausgeschnellt werden kann und dem „Anleimen" von Beutetieren dient. So können Frösche auch flugfähige Insekten fangen. Schnecken und Würmer dienen ihnen ebenfalls als Nahrung. In Mitteleuropa ist der grüne Wasser- oder Teichfrosch (*Rana esculenta*) wohl am bekanntesten. Mit seinen an der Mundspalte ansetzenden Schallblasen ist er für die nächtlichen „Konzerte" an unseren Seen und Teichen verantwortlich. Die meisten Froscharten halten sich überwiegend im oder am Wasser auf. Der mit 40 cm Körperlänge und gut drei kg Körpergewicht weltweit größte Frosch lebt in einem relativ kleinen Gebiet in Äquatorial-Guinea. Es ist der erst 1906 beschriebene Goliathfrosch (*Gigantorana goliath*).

Historisches: Im Altertum sagte man dem Frosch Macht gegen bösen Zauber nach, weshalb man kleine Figuren oder Darstellungen von Fröschen als Schutz verwendete. Frösche und ihre Körperteile nutzte der antike Aberglauben zwar zu recht abenteuerlichen Therapien: Die auf unterschiedlichste Art und Weise verarbeiteten Teile des Frosches halfen von Augenkrankheiten bis Zahnschmerzen Das Essen von Fröschen bzw. Froschschenkeln allerdings rief auch schon damals Empörung hervor. In der griechischen Fabel galt der Frosch als Symbol der Feigheit, sonst aber allgemein auch als ein Zeichen der Fruchtbarkeit.

Die lykischen Bauern werden in Frösche verwandelt

Mythologie: Aus dem Gequake der Frösche meinte man, auf Regen schließen zu können. So wies man ihnen hellseherische Fähigkeiten zu und gab sie Apollon, dem Gott der Weissagung, als heiliges Tier bei. Im Allgemeinen setzte man die Frösche – ihrem Lebensraum gemäß – in Beziehung zu Flussgottheiten.

Das Gequake der Frösche erklärt sich in der griechischen Mythologie aus der Verwandlung der lykischen Bauern, von der wir in den Metamorphosen Ovids lesen können (Ov. met. 6,331ff.).

Die Sage: Bevor der Göttervater Zeus Hera zur Gemahlin nahm, hatte er mit der Titanentochter Leto zwei Kinder gezeugt. Als Hera davon erfuhr, war sie eifersüchtig sowohl auf die frühere Geliebte ihres Gatten als auch auf die noch nicht geborenen Kinder. Deshalb verfügte sie, dass kein Land der Erde die Schwangere beherbergen dürfe; Leto sollte heimatlos durch die Lande ziehen. Doch Zeus fand einen Ausweg. Auf der Insel Delos, die zu dieser Zeit noch haltlos auf dem Meer dahintrieb – und somit nicht als Land bezeichnet werden konnte – sollte Leto die beiden Kinder zur Welt bringen können. Und so geschah es.

Nachdem die beiden göttlichen Kinder Artemis und Apollon geboren waren, zog Leto mit ihnen weiter. Doch nirgends gewährten ihr die Menschen Unterkunft. Schließlich gelangte Leto mit den beiden Kindern auf ihrem Arm auch nach Lykien. Durch die Sonne ausgetrocknet und durch den weiten Weg geschwächt, kam sie an einen Teich. Mehrere Bauern schnitten dort Ruten und Binsen, um daraus Körbe zu flechten. Leto kniete sich am Ufer des Teiches nieder, um sich und ihre Kinder mit dem kühlen Wasser zu erfrischen. Die Bauern aber verwehrten es der Göttin, von diesem Wasser zu trinken. Auch als Leto sie inständig bat, blieben die Bauern unnachgiebig, beschimpften sie mit hässlichen Worten und trübten sogar das klare Wasser des Teiches; schließlich wollten sie die Göttin sogar vertreiben. Dieses Verhalten erzürnte Leto über die Maßen. So verwandelte sie die Bauern zur Strafe in Frösche. Auf immer sollten sie im Wasser leben, das sie zuvor so heftig verteidigt hatten. Ihre Heimat haben sie dort auch heute noch. Sie springen nun umher, und ihre hässlichen Worte von einst vernimmt man seitdem nur noch als ständiges Quaken.

Habicht

Biologie: Rund 50 Arten dieser schnellen und wendigen Greifvögel leben über alle Regionen der Erde verteilt. In Deutschland sind v. a. der Hühnerhabicht (*Accipiter gentilis*) und der Sperber (*Accipiter nisus*) heimisch. Im Gegensatz zu anderen Greifvögeln schlägt der Habicht seine Beute nicht, indem er aus großer Höhe auf sie hinabstößt, sondern im Pirschflug. Dabei fliegt er dicht über dem Erdboden, nutzt vorhandene Deckungen aus und überwältigt so seine Beute sehr überraschend. Besonders kleine Säugetiere, aber auch viele Vögel, die er im Fluge fängt, können so dem Habicht nicht entkommen. Gerade weil er auf diese Weise auch Hausgeflügel jagt, ist der Habicht schon immer energisch verfolgt worden. Ihre Horste (mit 3-4 Eiern im Gelege) errichten die Habichte auf hohen Bäumen, häufig auch auf verlassenen Nestern anderer Vogelarten. Dabei bleiben sie ihrem Brutrevier meist über Jahre treu.

Historisches: Selten ist in der antiken Literatur zwischen Habicht und Falke detailliert unterschieden worden. Mit dem griechischen *hierax* und dem lateinischen *accipiter* bezeichnete man oft Habicht, Sperber und die verschiedenen Falkenarten gleichermaßen. Wenn allerdings ein sehr gewandter, schneller und räuberischer Greifvogel beschrieben wird, ist wahrscheinlich an den Habicht zu denken; denn seine Angriffe auf fliegende Vögel und die Jagd auf Hausgeflügel waren schon in der Antike berüchtigt. So galt er auch als Symbol für räuberische Menschen. Trotz aller Gewalt und Räuberei, die dem Habicht nachgesagt wurden, genoss er, besonders bei den Römern, Verehrung als Auguralvogel.

Mythologie: Die mit *hierax* bzw. *accipiter* bezeichneten Greifvögel dachte man sich aufgrund ihres Fluges in großen Höhen (besonders die Falken) mit dem Sonnenlicht und dessen Kraft verbunden. Schon die Ägypter gaben sie den falkenköpfigen Lichtgottheiten Horus und Re als heilige Tiere bei. Davon ausgehend wurde der Habicht als Lichtvogel auch von Griechen und Römern dem Lichtgott Apollon zugeordnet, dessen Bote und Begleiter er war. Sein angeblich räuberisches Wesen einerseits und seine Verehrung als Vogel des Apollon andererseits finden ihre mythologische Erklärung in der Sage von der Verwandlung des Daidalion (Ov. met. 11,291ff.).

Die Sage: Daidalion, Sohn des Morgensterns, war ein kriegerischer und jedem anderen Menschen feindlich gesonnener Mann. Seine Tochter Chione war schon in früher Jugend ein Mädchen von bewundernswerter Schönheit, sodass sie von vielen Freiern umworben wurde. Auch Hermes und Apollon waren auf ihre Schönheit aufmerksam geworden und begehrten sie. Hermes war so entzückt, dass er Chione, nachdem er sie erblickt hatte, sofort in Schlaf versetzte und sich an ihr verging. Apollon begab sich erst des Nachts, in Gestalt einer alten Frau, in die Gemächer der Schönen und tat es Hermes gleich. In der Folge gebar Chione Zwillinge, jedem Gott einen Sohn.

Ihre Schönheit, die sogar zwei Götter betört hatte, ließ Chione jedoch dem Hochmut verfallen. Sie stellte ihre Schönheit über die der Artemis, der Göttin der Jagd. Diese erzürnte darüber und durchbohrte Chione zur Strafe für diesen Übermut mit einem ihrer Pfeile. Über den Tod seiner Tochter war Daidalion aber so bestürzt, dass er noch rasender wurde als zuvor. Im Wahn der Trauer floh er zum Parnassos-Gebirge und stürzte sich die Felsen hinunter, um sein Leben zu beenden. Doch Apollon erbarmte sich des Vaters seiner Geliebten und verwandelte ihn noch im Sturz in einen Vogel. Als Habicht streift er seitdem durch die Lüfte und wütet – getreu seines alten Wesens – noch heute unter den anderen Vögeln.

Koralle

Biologie: Zu den Korallentieren werden die Blumentiere und die Hydrozoen gezählt. Beides sind festsitzende, kalkabscheidende Meerespolypen. Die durch ihre Kalkabscheidungen Riffe bildenden Korallen (1–2 cm pro Jahr) finden überall in den Weltmeeren Verbreitung, bevorzugen aber die warmen Strömungen der tropischen und subtropischen Zonen. Oft sind die Riffe Küsten vorgelagert und bilden dort einen wichtigen Lebensraum für viele andere marine Organismen. Gegenüber Verunreinigungen des Wassers sind Korallentiere sehr empfindlich.

Bei den Hydrozoen sind die Polypen geschlechtlich nicht fortpflanzungsfähig, sondern vermehren sich durch Knospung. Auf diese Weise bringen sie auch die geschlechtliche Generation, die Medusen (Quallen), hervor. Bei den Blumentieren übernehmen auch die Polypen die geschlechtliche Fortpflanzung. Blumentiere wie Hydrozoen ernähren sich teils durch das Einstrudeln kleiner Nahrungspartikel, teils durch Abfangen vorbeischwimmender Meerestiere.

Historisches: Die tierische Natur der Korallen war den Menschen der Antike noch nicht bekannt. Vielmehr vermutete man in den bizarren Verästelungen versteinerte Pflanzen, weshalb man sie zunächst nach den drei sagenhaften Gorgonen-Schwestern, deren Anblick jedes Lebewesen versteinern ließ, auch Gorgonien nannte. Ihrer prächtigen roten Farbe wegen wurde vor allem die Edelkoralle, *Corallium rubrum*, häufig zu Schmuck verarbeitet. Im westlichen Mittelmeer gab es dafür wohl die edelsten Vorkommen. Zu Pulver zermahlen setzte man Korallen gegen allerlei körperliche Leiden ein, nicht zuletzt sollte ihre intensive Rotfärbung böse und neidische Blicke fernhalten. Schon zu Plinius` Zeiten (1. Jh. n. Chr.) sollen die Bestände an Korallen im Abendland allerdings merklich zurückgegangen sein.

Mythologie: Die steinartige, aber doch lebendige Natur der Korallen findet Erwähnung in der Sage von Perseus und Andromeda (Ov. met. 4,663ff.).
Die Sage: Perseus, Sohn des Zeus und der Danaë, hatte mit Athenes und Hermes` Hilfe der Medusa, einer der drei Gorgonen, das Haupt abgeschlagen, von dem man sagte, dass jeder zu Stein verwandelt würde, der ihm direkt in

Perseus befreit Andromeda

das Gesicht blicke. Dies hatte er auf Geheiß des Polydektes, des Königs von Seriphos, vollbringen müssen, der hoffte, dass Perseus dabei getötet würde und er selbst ungestört um dessen Mutter freien könne. Doch Perseus hatte das

Unmögliche möglich gemacht und war mit dem Medusenhaupt als Beweis für seine vollbrachte Tat auf dem Weg zurück nach Griechenland, als er an der Küste Phöniziens Andromeda, die Tochter des Königs Kepheus und der Kassiopeia, an einen Felsen gekettet erblickte. Hier sollte sie nach einem Orakelspruch von einem Meeresungeheuer verschlungen werden, um für die Prahlerei ihrer Mutter zu büßen. Diese hatte behauptet, ihre Tochter sei schöner als die Meeresnymphen. Der Vater der Andromeda versprach Perseus die Tochter zur Frau, wenn er das Untier besiege und sie befreie. Dies tat Perseus. Um sich aber nach dem Kampf vom Blut des Untiers zu reinigen, legte er unter das Haupt der Medusa, damit es nicht von den scharfen Steinen des Ufers verletzt würde, Pflanzen und Blätter, die im Wasser wuchsen. Die Kraft des Medusenhauptes aber ließ die Blätter zu Stein werden. Die Meeresnymphen erfreuten sich an diesem Wunder, taten es mit anderen Wasserpflanzen ebenso und verstreuten schließlich deren Samen übers Meer. So entstanden die „versteinerten Pflanzen", die Korallen.

Krähe

Biologie: Von diesen weltweit vertretenen Rabenvögel finden sich in Europa die Saatkrähe (*Corvus frugilegus*) und die Aaskrähe (*Corvus corone*). Im Zuge der eiszeitlichen Veränderungen sind die in Mitteleuropa ansässigen Populationen der Aaskrähe durch die sich ausbreitenden Eismassen getrennt worden. Infolgedessen haben sich zwei Rassen einer Art herausgebildet: die in Westeuropa lebende, gänzlich schwarze Rabenkrähe (*Corvus corone corone*) und die teilweise grau gefiederte Nebelkrähe (*Corvus corone cornix*) im östlichen Europa. Mit dem Ende der Eiszeit haben sich die Verbreitungsgebiete dieser beiden Rassen wieder überlagert, sodass es heute, besonders im Gebiet der Elbe, zu einer Durchmischung dieser Rassen kommt. Aaskrähen sind dem Menschen häufig in die Siedlungsgebiete gefolgt, wo sie sich außerhalb der Brutzeiten – besonders in den Wintermonaten – auch in großen Schwärmen aufhalten. Im Gegensatz zu den Saatkrähen brüten Aaskrähen einzeln auf hohen Bäumen. Meist bleiben sie mit dem einmal gewählten Brutpartner ein Leben lang zusammen. Ihre gelegentliche Nesträuberei hat die Aaskrähen oft der Verfolgung durch den Menschen ausgesetzt; der Bestand ist dadurch allerdings nicht bedroht.

Historisches: Die Krähe hielt man in der Antike – wie die anderen Rabenvögel auch – für diebisch und geschwätzig, schätzte allerdings auch ihre spaßige, unterhaltsame Art, wenn sie zahm gehalten wurde. Dadurch dass die Krähe eine erstaunliche Treue zu ihrem Lebenspartner zeigt, galt sie in Athen als Hochzeitsvogel.

Mythologie: Da man der Krähe – griech. *korone* – ein besonders langes Leben nachsagte, setzte man sie in Beziehung zum Heilgott Asklepios. Diese deckt sich damit, dass die sagenhafte Mutter dieses Gottes die Krähennymphe Koronis war.

Dass man die Krähe auch mit der Göttin Athene in Verbindung brachte, erklärt sich aus der Entstehungssage dieses Vogels, von der wir in den Metamorphosen Ovids lesen können (Ov. met. 2,569ff.).

Die Sage: Koroneus, König des phokischen Landes, hatte einst eine zauberhafte Tochter, Koronis mit Namen, die von vielen Jünglingen begehrt wurde. Eines Tages vertrieb sie sich die Zeit am Strand und spazierte am Saum des Meeres entlang. Vom Meer aus jedoch erblickte Poseidon das schöne Mädchen und näherte sich mit starkem Begehren. Am Ufer angelangt, sprach er sie an, schmeichelte ihr mit süßen Worten und versuchte so, ihr Herz zu gewinnen. Doch Koronis wollte sich seinem Drängen nicht beugen und wies ihn ab. Poseidon gab aber nicht auf und verfolgte die Königstochter über den Strand. In ihrer Verzweiflung rannte sie so schnell sie konnte davon und flehte dabei um Rettung. Doch nur Athene vernahm das Rufen und erbarmte sich der fliehenden Jungfrau. Noch im Lauf gab sie ihr ein Gefieder, verwandelte sie – ihrem Namen gemäß – in die Krähe und rettete sie so vor der Gewalt des Poseidon.

Kranich

Biologie: Kraniche bevorzugen als Lebensraum Steppengebiete und offene, sumpfige Landschaften. Außer den in wärmeren Gebieten lebenden Kranicharten sind sie Zugvögel, die sich im Herbst zu großen Gruppen vereinigen und in südliche Gebiete ziehen. Der Graukranich (*Grus grus*), der in Skandinavien, dem Baltikum und Russland, aber auch in Norddeutschland Brutgebiete hat, zieht zur Überwinterung bis weit nach Afrika hinein. Bei diesen Zügen fliegen Kraniche in einer v-förmigen Anordnung, teilweise in der erstaunlichen Höhe von bis zu 4000 m. Die charakteristischen sog. Kranichtänze, bei denen besonders die Männchen umeinander herumlaufen und Luftsprünge vollführen, sind keine ausgesprochene Balzbewegungen, da man sie das ganze Jahr über, auch unabhängig von der Fortpflanzungszeit, beobachten kann. Nach der ersten Paarung bleiben Kraniche ein Leben lang als Paar zusammen. Das Nest (mit 2 Eiern) errichten sie am Boden. Kraniche ernähren sich überwiegend von pflanzlicher Nahrung.

Historisches: Neben dem Graukranich kannte man in der Antike auch den Jungfernkranich (*Anthropoides virgo*), der seine Brutgebiete und Winterquartiere ebenfalls in Nordafrika bzw. dem östlichen Mittelmeergebiet hat. Als Symbol für Liebe und Lebensfreude findet man den Kranich – allgemein griech. *geranos* – häufig mit Eros, dem Gott der geschlechtlichen Liebe, zusammen dargestellt. Aber auch Demeter, der Göttin der Landwirtschaft, gab man ihn bei. Wenn die Kraniche nämlich auf ihren Zügen im Herbst im Mittelmeergebiet Station machten, gaben sie mit ihrer Ankunft als Boten dieser Göttin den Bauern das Zeichen zur Wintersaat. Auch meinte man, aus ihrem Flug die Wetterentwicklung für Landwirtschaft und Schifffahrt voraussagen zu können. Als unterhaltsame Haustiere waren Kraniche gern gesehen; in Kunst und Literatur spielten sie eine bedeutende Rolle.

Mythologie: Die weiten Züge der Kraniche in den afrikanischen Kontinent hinein waren den Menschen der Antike bekannt. Zudem hatte man aus diesen Gegenden Kunde erhalten über zwergenhafte Menschen, die sog. Pygmäen, die sich mit den Kranichen ständig im Kriegszustand befänden. Aus tatsächlichen Gegebenheiten – Kraniche haben ihre Winterquartiere auch im äquatorialen Afrika, dem Lebensraum der Pygmäen, und werden von ihnen wahrscheinlich bei der Jagd gelegentlich erlegt – ergab sich die Sage vom Krieg mit den Kranichen, ein bei Dichtern beliebtes und immer wieder variiertes Thema. Nicht nur diese Feindschaft, sondern auch die Entstehung des Kranichs verband man mit den Pygmäen, wovon wir bei Aelian erfahren (Ail. nat. 15,29).

Die Sage: Einst hatte das Volk der Pygmäen keinen männlichen Thronfolger mehr, so daß eine Frau, Gerana mit Namen, herrschte. Die Untertanen verehrten ihre Herrscherin mehr als es einer Sterblichen zugestanden hätte, und so wurde Gerana hochmütig und verachtete die Götter. Ihre Schönheit aber stellte sie vor die der Hera, Athene, Artemis und Aphrodite. Hera erzürnte über diesen Frevel derart, dass sie die Prahlerin augenblicklich in einen hässlichen Vogel verwandelte – den Kranich. Die so verwandelte Gerana aber schwor ihrem einstigen Volk Feindschaft, da es sie mit ihren Ehrerweisungen in den Hochmut und so in das Verderben geführt hatte. Seitdem führen die Pygmäen mit den Nachkommen der Gerana – den Kranichen – ständig Krieg.

Luchs

Biologie: Der Luchs ist mit zwei Arten hauptsächlich in den nördlichen Berg- und Waldregionen Europas, Asiens und Nordamerikas vertreten. Charakteristisch für diese hochbeinigen Katzen sind die langen Haarpinsel an den Ohren, der meist weiße Backenbart und der für eine Katze ungewöhnlich kurze Schwanz. Sein ausgezeichnetes Seh- und Hörvermögen erlauben es ihm, hauptsächlich in der Dämmerung und in der Nacht zu jagen. Bevorzugt werden kleine Säugetiere, Vögel und Reptilien; aber auch an Rehe, Wildschweine und sogar Hirsche wagt sich dieser scheue Einzelgänger heran.

Aufgrund seines Fells ist der Luchs schon immer gejagt worden und so in West- und Mitteleuropa seit rund 150 Jahren nahezu ausgerottet. Nur in Südeuropa gibt es noch isolierte natürliche Vorkommen. Seit den 1970er Jahren bemüht man sich, den Luchs (Nordluchs; *Lynx lynx*) in den Bergregionen Mitteleuropas wieder auszuwildern.

Historisches: Da der Luchs – griech. *lynx* – ein sehr scheues Tier ist, wusste man im Altertum wenig über seine Lebensweise. Bekannt aber und sogar sprichwörtlich war sein scharfer Blick. Auf eine etwas eigentümliche Vorstellung geht der Umstand zurück, dass man dem Luchs Missgunst nachsagte. Demnach soll er seinen Urin, aus dem sich angeblich das *Lyncurium* – ein wertvoller Bernstein – bildete, jedes Mal verscharrt haben, um ihn vor dem Menschen zu verbergen. Doch bei dieser Erzählung handelte es sich um einen schon von antiken Gelehrten durchschauten, allgemeinen Aberglauben, der wahrscheinlich aus einer volksethymologischen Umdeutung des „ligurischen" Bernsteins entstanden war. Denn es lag nahe, diesen in Ligurien häufig auffindbaren Halbedelstein nach griech. *lynkurion* – „Luchsharnstein" – umzudeuten, und so den Luchs als geizigen Produzenten dieses Schmuckstücks zu bezeichnen.

Mythologie: Beide Eigenschaften des Luchses – das hervorragende Sehvermögen und die ihm unterstellte Missgunst – finden auch in der antiken Mythologie Erwähnung. Eine Personifikation des scharfen Sehens finden wir in dem Helden Lynkeus, dem „Luchsartigen", der zusammen mit seinem Bruder Idas und anderen Helden an der Argonautenfahrt teilnahm. Er soll so gute Augen gehabt haben, dass er den Feind selbst hinter einem Baum und sogar verborgene Dinge unter der Erde sehen konnte (Apollonios von Rhodos. 1,153 f.; Apollodor 3,10, 3).

Der Luchs als missgünstiges Tier entstand der Mythologie zufolge durch die Verwandlung des Königs Lynkos, von der wir bei Ovid hören (Ov. met. 5,642ff.).

Die Sage: Einst hatte Demeter beschlossen, die Menschen die Kunst des Ackerbaus zu lehren und ihnen dazu das Getreide zu schenken. Als Überbringer dieser Geschenke hatte sie Triptolemos, den Sohn des Königs Keleos von Eleusis, auserwählt. Diesen schickte sie nun durch die Lande, ihren Auftrag zu erfüllen. Auf seiner Reise gelangte Triptolemos auch an Skythiens Küste, in das Reich des Königs Lynkos. Als dieser erfuhr, welch ehrenvolle Aufgabe Triptolemos von Demeter übertragen bekommen hatte, erfasste ihn der Neid.

Demeter verwandelt den missgünstigen König Lynkos in einen Luchs

Hinterlistig lud er ihn ein, sein Gast zu sein. Denn um selber als Spender dieser Geschenke angesehen zu werden und dadurch Ruhm und Ehre zu erlangen, entschied der König, den Gast nicht mehr fortzulassen. So schlich er sich des

Nachts in das Schlafgemach des Triptolemos, zückte den Dolch und war schon daran, den Schlafenden zu ermorden, als Demeter ihrem Schützling zu Hilfe kam. Zornig über den frevlerischen König verwandelte sie diesen augenblicklich in den missgünstigen Luchs.

Mauergecko

Biologie: Geckos sind nachtaktive Echsen und leben in den wärmeren Gebieten der Erde. Von den weltweit über 600 Arten finden sich in Europa nur fünf; hier ist v. a. der im Mittelmeerraum beheimatete Mauergecko (*Tarentola mauritanica*) zu nennen. Oft finden sich diese Tiere auch an und in menschlichen Behausungen, wo sie nicht nur an glatten, senkrechten Wänden, sondern auch an den Decken der Gebäude entlanglaufen können. Dies ermöglichen ihnen ihre im Tierreich einzigartig gestalteten Füße. An deren Unterseite befinden sich Haftlamellen mit vielen mikroskopisch kleinen Häkchen, die sich an geringsten Unebenheiten festhaken können und den Tieren so ein Klettern selbst an senkrecht stehenden Glasscheiben ermöglichen.

Wie Eidechsen können auch Geckos bei Gefahr ihren Schwanz abwerfen, der dann durch sein selbständiges Zappeln Fressfeinde von dem ursprünglichen Besitzer abzulenken vermag. Allerdings bilden sich beim Nachwachsen des Schwanzes keine Wirbel mehr aus, sondern nur ein mehr oder weniger elastischer Knorpelstab. Als einzige Echsen können Geckos Laute hervorbringen, die die Lautstärke eines lauten Quakens erreichen können. Ihre Nahrung besteht hauptsächlich aus Insekten, Spinnen und anderen Gliedertieren. Die meisten Geckos legen Eier, nur einige Arten in Neuseeland sind lebendgebärend.

Historisches: Schon in der Antike hat man den Mauergecko – griech. *askalabos* – von den Eidechsen unterschieden. Bezeichnenderweise nannten die Römer die Geckos (besonders *Tarentola mauritanica* und *Hemidactylus turcicus*) aufgrund ihres mit hellen Punkten versehenen Rückens Sterneidechsen – lat. *stelio*. Oft waren sie im Schatten von Ruinen und Grabmälern zu finden, weshalb sie in Zusammenhang mit ihrem nächtlichen Treiben für die Menschen der Antike zu Tieren mit schlechter Vorbedeutung wurden. Ebenso waren Boshaftigkeit und Hinterlist Attribute dieser harmlosen Tiere. Trotzdem verwendete man den Gecko in recht obskuren Gemischen und Tinkturen als Heilmittel, besonders gegen Schlangenbisse.

Mythologie: In den Metamorphosen Ovids erfahren wir, wie diese Sterneidechse entstand und ihr Aussehen erhielt (Ov. met. 5,446ff.).

Die Sage: Als Demeter ihre Tochter Persephone suchte, die von Hades ob ihrer Schönheit in die Unterwelt entführt worden war, irrte sie, von Angst und Sorge getrieben, durch alle Länder der Erde. Tag und Nacht wanderte die Göttin ohne Ruh. So gelangte sie auch nach Attika. Durch die Suche erschöpft und von Durst gequält, erreichte sie eine einfache, ärmliche Hütte. Diese bewohnten ein altes Weib, Misme mit Namen, und ihr Sohn Askalabos. Als die Göttin um Wasser bat, um ihren Durst zu stillen, reichte ihr die gütige Alte eine Schale Wasser, gemischt mit Gerstenmehl und Minze. Die Göttin genoss die Erfrischung in vollen Zügen. Doch der Knabe Askalabos ereiferte sich über die Fremde, da sie so gierig trank, und verspottete sie. Darüber erzürnte die Göttin und übergoss, bevor sie alles getrunken, den Knaben mit dem restlichen Trank. Über und über bespritzt, verwandelte sich der freche Knabe augenblicklich in das Tier, das nicht nur seinen Namen trägt, sondern von ihm auch den mit Flecken benetzten Leib erhielt – die Sterneidechse.

Nachtigall

Biologie: In ganz Mitteleuropa sowie Nordafrika und der Türkei brütet die Nachtigall (*Luscinia megarhynchos*), sobald sie im April aus ihren Winterquartieren südlich der Sahara zurückgekehrt ist. Ihr Nest errichtet sie in Sträuchern in Bodennähe, meist im Schutz von lichten Laub- und Mischwäldern. Als Nahrung dienen ihr Würmer und Insekten. Der Gesang, durch den die Nachtigall so berühmt wurde, ist nachts besonders auffallend, da zu dieser Zeit die anderen Vögel schlafen. Die einzelnen Teile des Gesanges haben schlagenden, flötenden und auch klagenden Charakter.

Historisches: Aufgrund ihres Gesanges war die Nachtigall schon in der Antike ein bewunderter Vogel. Besonders die Dichter nahmen sich ihrer an und machten sie zur Frühlingsbotin. Aber auch außerhalb der Dichtung fand man an der Nachtigall und ihrem Gesang Gefallen. So wurde es in Rom im 1. Jh. n. Chr. Mode, eine Nachtigall als Ziervogel zu halten. Die Preise für einen gut singenden Vogel waren entsprechend hoch. Als Zeichen des prahlenden Reichtums meinten dekadente Römer, Pasteten aus Nachtigallenzungen essen und ihren Gästen vorsetzen zu müssen.

Mythologie: Gerade der klagende Charakter des Nachtigallgesanges war es, der die Menschen der Antike in seinen Bann zog. Man dachte sich die Nachtigall als verwandelte Frau, die um ihren toten Sohn trauert (s. auch Wiedehopf). Denn für die Griechen klang der Ruf der Nachtigall nach einem oft wiederholten *Itys*, dem Namen des toten Sohnes.

Tereus schneidet Philomela die Zunge heraus

Warum Prokne, die Mutter des Itys, der Sage nach als Nachtigall ständig ihren Sohn ruft, erfahren wir bei Apollodor (Apoll. 3,14).

Die Sage: Pandion, der König von Athen, verbündete sich einst mit Tereus von Thrakien gegen König Labdakos von Theben. Gemeinsam besiegten sie ihn. Als Dank für diese Waffenhilfe gab Pandion eine seiner Töchter, Prokne, Tereus zur Frau. Ihren gemeinsamen Sohn nannten sie Itys. Tereus aber hatte sich schon damals, als er Pandion im Kriege unterstützte, in die zweite Tochter des Königs, Philomela, verliebt. Jetzt flammte das Begehren nach dieser Frau wieder auf. So ließ er ihr berichten, dass Prokne gestorben sei, lockte sie so zu sich nach Thrakien und verführte die Ahnungslose. Damit sie aber der Schwester nichts von dem an ihr begangenen Verbrechen würde erzählen können, schnitt er ihr die Zunge heraus und verbarg Philomela selbst im Kerker. Doch diese webte in der Gefangenschaft an einer Decke, auf der sie alle Leiden, die ihr Tereus zugefügt hatte, darstellte. Diese Decke konnte sie ihrer Schwester unbemerkt zukommen lassen. Als Prokne durch die Bilder begriff, welche Verbrechen ihre Schwester hatte erdulden müssen, erfasste sie so unbändiger Hass gegen ihren Gemahl, dass sie bei ihrer Rache nicht einmal auf ihren eigenen Sohn Rücksicht nahm. Blind vor Wut fiel sie über Itys her und ermordete ihn. Seinen Leib zerstückelte sie, kochte ihn und trug ihn Tereus zum Mahle auf. Als der Vater sah, was er zu essen vor sich hatte, erfasste auch ihn die Raserei, und er verfolgte Prokne, die mit ihrer Schwester aus dem Hause geflohen war, weit durch die Lande. Als er sie beinahe eingeholt hatte, flehten die Schwestern um Hilfe, und die Götter erhörten sie. Sie verwandelten Prokne in eine Nachtigall, Philomela in eine Schwalbe und Tereus in einen Wiedehopf. Prokne aber beklagt auch heute noch in ihrem Gesang das Verbrechen, das sie an ihrem Sohn beging, indem sie Tag und Nacht seinen Namen, „ Itys! Itys!", ruft.

Perlhuhn

Biologie: Ursprünglich waren diese Hühnervögel mit sechs Arten nur in den Savannen- und Regenwaldgebieten Afrikas, südlich der Sahara, beheimatet. Im 15. und 16. Jh. haben die Portugiesen aus ihren Kolonien in Westafrika die Helmperlhühner (*Numida meleagris*) nach Europa und Amerika ausgeführt. So kommen sie heute wildlebend auch in Südamerika vor. Perlhühner sind ausgesprochene Bodenvögel und legen bei der Nahrungssuche weite Strecken zu Fuß zurück. Auch ihre Nester errichten sie am Boden, und selbst bei Gefahr flüchten sie, indem sie weglaufen, obwohl sie ausgezeichnet fliegen können. Zum Schlafen ziehen sie sich allerdings auf Bäume zurück.

Historisches: Im Altertum waren die Perlhühner nur in Zentralafrika beheimatet. Allerdings hatten sowohl Ägypter, als auch Griechen und Römer schon

Meleager zeigt der Jägerin Atalante den erlegten Eber

früh Kunde von diesen wohlschmeckenden Hühnervögeln erhalten. Im gesamten Mittelmeergebiet wurden deshalb die Perlhühner aus Afrika eingeführt und als Hausgeflügel gehalten. Die Römer bauten im 1. Jh. n. Chr. eine

Perlhuhnzucht auf und nannten die Perlhühner auch „Numidische Vögel", womit sie deren Herkunft aus dem fernen Afrika Rechnung trugen. Die antiken Zuchtstämme gingen über die Jahrhunderte verloren, bis die Portugiesen das Helmperlhuhn aus ihren Kolonien wieder nach Europa brachten.

Mythologie: Das wie mit Perlen bedeckte Gefieder hatte die Griechen zu der Namensgebung dieser Hühnervögel inspiriert. Sie benannten sie nämlich nach den trauernden Schwestern des Meleager, deren Tränen nach ihrer Verwandlung im Gefieder zurückblieben. Die Entstehungssage der in der griechischen Sprache *meleagrides* genannten Perlhühner schildert uns Ovid in den Metamorphosen (Ov. met. 8,273ff).

Die Sage: Im Königreich Kalydon herrschte einst Oineos. Seine Gattin Althaia hatte ihm viele Töchter und nun auch einen Sohn, Meleager, geboren. Kurz nach dessen Geburt erschienen die Parzen, die Schicksalsgöttinnen, im Gemach der Königin und verkündeten ihr das Schicksal ihres Sohnes, indem sie auf ein Holzscheit im Kamin zeigten: Solange dieses Scheit noch nicht verbrannt sei, werde Meleager leben. So sprachen sie und verließen die Königin wieder. So schnell sie konnte, riss Althaia das brennende Scheit aus dem Kamin, löschte das Feuer und verwahrte es in einer sicheren Truhe.

Jahre später war Meleager zu einem jungen Mann herangewachsen, und sein Leben war – wie auch das Holzscheit – bisher unversehrt geblieben. Doch das Schicksal nahm seinen Lauf: Sein Vater Oineos hatte eines Tages vergessen, Artemis eine Opfergabe darzubringen. Dieses Vergehen ließ die Göttin nicht ungestraft und schickte einen furchterregenden Eber, der das Königreich verwüsten sollte. Nur unter Aufbietung der besten Krieger vermochte es schließlich Meleager, den Eber zu töten. Doch über die Beute geriet er in Streit mit den Brüdern seiner Mutter, Plexippos und Toxeus, die auch einen Teil davon beanspruchten. Mit dem Schwert brachte er sie zum Schweigen. Als Althaia erfuhr, dass ihr Sohn ihre Brüder ermordet hatte, wurde sie von Rachegefühlen ergriffen. Jetzt erinnerte sie sich an den Schicksalsspruch der Parzen und an das Holzscheit, das sie seit Jahren verwahrte. Sie entschied sich gegen ihren Sohn, und mit Schmerz, aber auch voll Hass warf sie das Schicksalsholz ins Feuer. Augenblicklich wurde Meleager von einer inneren Flamme verzehrt und starb, ohne zu wissen, wodurch und warum. Seine Schwestern aber beklagten den toten Bruder, und über sein Grab flossen ihre unzähligen Tränen. Die Göttin Artemis erbarmte sich ihrer und verwandelte sie in Hühnervögel, die von dem toten Bruder den Namen und von ihren eigenen Tränen das gefleckte Gefieder erhielten.

Pfau

Biologie: Von den zwei Arten dieser in Südasien beheimateten, großen Hühnervögel ist uns der Blaue Pfau (*Pavo cristatus*) – durch die Haltung in Zoologischen Gärten – bekannter als der überwiegend grün gefiederte Ährenträgerpfau (*Pavo muticus*). In ihrer Lebensweise unterscheiden sich diese beiden Arten kaum. Pfauen bevorzugen als Lebensraum die lichten Randgebiete der Wälder. Bei den Pfauen ist nur das Männchen mit den prächtigen Federn geschmückt, wogegen das Weibchen ein eher unscheinbares Federkleid besitzt. Als Nahrung bevorzugen diese Vögel Pflanzensamen und Früchte, verschmähen aber auch Würmer und Insekten nicht. Im Gelege, das sie am Boden errichten, befinden sich in der Regel fünf bis sieben Eier. Das Radschlagen mittels der langen, farbenprächtigen Federn gehört zum Balzritual des Pfauenhahns; allerdings präsentiert dieser der Henne dabei die Rückseite des Pfauenrades. Denn nur die besonders von hinten sichtbaren, leuchtend weißen Federkiele sind bei der Werbung von Bedeutung. Zum Schlafen fliegen die Pfauen auf Bäume, die ihnen vor nächtlichen Räubern Schutz bieten.

Historisches: Den eigentlich im südlichen Indien und auf Ceylon beheimateten Blauen Pfau soll schon König Salomon um 1000 v. Chr. in das Gelobte Land eingeführt haben. Verbreitung im Mittelmeerraum fand diese Vogelart zuerst durch die Phönizier, wurde dort aber erst nach dem Indienfeldzug Alexander des Großen häufiger. Die Römer widmeten sich ab dem 2. Jh. v. Chr. und besonders in der Kaiserzeit mit Leidenschaft der Pfauenzucht, um die Tiere in luxuriösen Gärten als Zeichen des Reichtums halten zu können. Pfauenbraten galt als extravagante Bereicherung der Tafel.

Mythologie: Der Pfau war das Tiersymbol der Himmelsgöttin Hera, denn die Augen seines zum Rad geschlagenen Schweifs vermitteln den Eindruck des die Sterne tragenden Himmelsgewölbes. So spannte Hera der Sage nach diese prachtvollen Vögel vor ihren Wagen, wenn sie über das Firmament fuhr. Das Heilighalten der Pfauen stammt wohl aus dem phönikisch-syrischen Kulturbereich und fand über das Heiligtum der Hera auf Samos Eingang in den griechisch-römischen Kultus. Die Zeit Homers und Hesiods (8./7. Jh. v. Chr.) kannte diese Tiere allerdings noch nicht.

Ovid schildert uns in den Metamorphosen, wie der Pfau sein prächtiges Federkleid verliehen bekam (Ov. met. 1,568 ff).

Die Sage: Nachdem Zeus die schöne Io, die Tochter des Inachos, des Königs von Argos, erobert hatte, musste er sie vor Heras eifersüchtigen Blicken verbergen und verwandelte seine Geliebte in eine Kuh. Doch Hera blieb miss-

Hermes tötet den schlafenden Argos

trauisch und forderte das Tier von ihrem Gatten als Geschenk. Verständlicherweise überließ jener seine Geliebte nur widerwillig der Obhut seiner Gemahlin, die nun die verwandelte Io, um weitere Treffen zwischen ihr und Zeus zu verhindern, von ihrem Wächter, dem hundertäugigen Argos, bewachen ließ. Doch Zeus hatte Mitleid mit seiner in Gefangenschaft geratenen Geliebten und schickte seinen Sohn Hermes, den nie schlafenden Argos zu töten. Hermes vermochte es, Argos einzuschläfern, schlug ihm das Haupt ab und stürzte ihn einen Abhang hinunter.

Als Hera dessen Tod gewahr wurde, nahm sie die hundert Augen ihres ehemaligen Wächters auf und setzte sie ihrem Lieblingsvogel, dem Pfau, in den Schweif, wo sie strahlten wie Sterne.

Rabe

Biologie: Von diesen in Eurasien, Afrika und Nordamerika beheimateten Rabenvögeln, findet sich in Europa nur der Kolkrabe (*Corvus corax*). Vom Erscheinungsbild ist er der Rabenkrähe sehr ähnlich, doch um einiges größer als diese. Raben leben mit ihrem einmal gewählten Partner lebenslang zusammen; ihre Nester errichten sie auf hohen Bäumen oder an Felswänden. Als Nahrung dient ihnen so gut wie alles, was fressbar ist: Früchte, Samen, Insekten Wirbeltiere, Abfälle und Aas. Wie andere Rabenvögel zeichnen sich auch die Raben selbst durch eine erstaunliche Intelligenz aus. Sie sind in Europa lange der Verfolgung durch den Menschen ausgesetzt gewesen und fielen jägerischem Unverständnis und Aberglauben zum Opfer. Durch intensive Schutzmaßnahmen hat sich der Bestand zumindest in Deutschland wieder etwas erholt.

Historisches: Der Rabe galt in der Antike als geschwätziger und ausgesprochen räuberischer Vogel. Mit diesen Wesenszügen gesellt er sich zu den anderen Rabenvögel. Selbst vor Opfergaben auf Altären machte er nicht Halt, weshalb er den Menschen nicht gerade sympathischer wurde. Sein Hang zum Aas- und Leichenfraß ließ ihn schließlich zu einem Vogel mit schlechter Vorbedeutung werden; andererseits waren gezähmte Raben beliebt, da man sie zum Sprechen abrichten konnte.

Mythologie: Der Volksglaube sagte dem Raben die Befähigung nach, durch sein Krächzen bevorstehenden Regen oder beim Flug über das offene Meer nahegelegenes Land anzuzeigen. Diese hellseherischen Fähigkeiten ließen ihn zum Vogel Apollons, des Gottes der Weissagung, werden.
Durch diesen Gott erhielt der Rabe auch sein jetziges Aussehen. Von dieser Begebenheit hören wir in den Metamorphosen Ovids (Ov. met. 2,531ff).
Die Sage: Einst liebte Apollon die schöne Jungfrau Koronis, Tochter des Königs Phlegyas von Orchomenos. Doch sie war dem Gott nicht treu, als er sie

einst unbeobachtet ließ. Sie war bereits schwanger und trug Asklepios, den Sohn des Apollon, in ihrem Leib, als sie mit dem Arkadier Ischys die Liebe genoss und sich entschied, diesen zu heiraten. Diesen Treuebruch aber bemerkte durch Zufall der damals noch weißgefiederte Rabe, der Vogel Apollons. Geschwind machte er sich auf den Weg, seinem Herrn davon zu berichten. Auf seinem Flug begegnete er der Krähe, die ihn davor warnte, Apollon diese schlechte Nachricht zu verkünden. Er werde keinen Dank für seine Mühe erhalten, sondern nur Schaden erleiden. Ihr selbst sei es einstmals so ergangen, als sie ihrer Herrin, der Göttin Athene, eine unliebsame Botschaft überbrachte. Als Strafe für diesen Dienst habe Athene sie aus ihrem Gefolge verstoßen. Mit diesen eindringlichen Worten warnte die Krähe den Raben. Doch leichtsinnig missachtete er die wichtigen Worte und überbrachte seinem Herrn die erspähte Neuigkeit. Als Apollon von der Untreue seiner Geliebten erfuhr, wurde er rasend vor Zorn und machte sich auf, die Untat zu strafen. Mit einem einzigen Pfeil durchbohrte er Koronis und tötete so die Treulose. Doch noch im Augenblick ihres Todes bereute Apollon bereits seine Rache und versuchte, sie wieder zum Leben zu erwecken. Aber auch seine göttliche Macht half ihm nicht. So blieb ihm nur übrig, das noch ungeborene Kind zu retten und das zu hassen, was ihn zu dieser Tat getrieben hatte: seine Hände, die Pfeile, den Bogen. Dem Überbringer der schlechten Nachricht jedoch, dem Raben, nahm er aus Zorn über dessen Verrat das weiße Gefieder und ließ ihn zum schwarzen Vogel werden.

Schildkröte

Biologie: Schildkröten sind stammesgeschichtlich sehr alte Reptilien, deren Ursprünge bis in die Trias vor rund 220 Millionen Jahren zurückreichen. Mit 200 Arten sind sie heute v. a. in den tropischen und subtropischen Regionen der Erde vertreten. Während Meeres- und Wasserschildkröten die Meere bzw. die Süßgewässer bewohnen, haben Landschildkröten die Unabhängigkeit vom Wasser erreicht und dringen sogar in Trockengebiete vor.

Der Schildkrötenkörper ist in einen Knochenpanzer gehüllt, der Teil des Skeletts ist und mit der Wirbelsäule sowie den Rippen in Verbindung steht. Alle Schildkröten, auch die im Wasser lebenden Arten, legen ihre Eier an Land in eine selbstgegrabene Mulde, die sie nach der Eiablage wieder zuschaufeln. Die Eier werden dann von den warmen Sonnenstrahlen „ausgebrütet". Bemerkenswert ist das hohe Alter, das Schildkröten erreichen können. So sind Exemplare von bis zu 180 Jahren beschrieben worden. In Deutschland findet sich als Vertreter dieser Reptilien nur die Sumpfschildkröte (*Emys orbicularis*). Sie lebt versteckt an Teichen und ruhigen Süßgewässern.

Historisches: Auch im Altertum mag die sog. Griechische Landschildkröte (*Testudo hermanni*) die häufigste Art im Mittelmeergebiet gewesen sein; bekannt waren allerdings noch weitere Arten. Die u.a. im Mittelmeer lebende Echte Karettschildkröte (*Eretmochyles imbricata*) war wegen des Schildpatts begehrt, das man aus ihren Panzerplatten gewann. Besonders in der Kaiserzeit schmückten damit wohlhabende Römer ihre Betten, Wände und Türrahmen. Das Fleisch der Schildkröten allerdings galt sowohl Griechen als auch Römern als schwer verdaulich. Die Langsamkeit der Landschildkröte war schon in der Antike sprichwörtlich.

Aus dem Panzer der Landschildkröte fertigte man den Resonanzboden für die Lyra, eines der bekanntesten griechischen Saiteninstrumente der klassischen Zeit, das später in die römische Musik übernommen wurde.

Mythologie: Als sagenhafter Erfinder der Lyra gilt der Götterbote Hermes. Der Mythos erzählt, dass er eines Tages eine Schildkröte fand, diese tötete und ihren Panzer mit einer Stierhaut bespannte. Mit sieben Saiten aus Schafdarm vollendete er das neugeschaffene Instrument. Durch diese musische Verwendung trat die Schildkröte in Beziehung zu Apollon, dem Gott der Dichter und Sänger. Wegen ihres hohen Alters, galten Schildkröten aber auch als Symbol für ein langes Leben und waren deshalb Asklepios, dem Gott der Heilkunst, beigegeben. Schließlich waren die vielen Eier der Schildkröten Zeichen der Fruchtbarkeit und begünstigten eine Verbindung dieses Tieres mit der lebensspendenden Liebesgöttin Aphrodite.

Warum die Schildkröte – griech. *chelone* – auf Schritt und Tritt ihren Panzer mit sich herumtragen muss, erzählt uns Servius in seinem Vergil-Kommentar (Serv. Verg. Aen. 1,505).

Die Sage: Als Zeus sich mit Hera vermählen wollte, trug er Hermes auf, zu diesem Fest alle Götter, Menschen und Tiere zusammenzurufen. Alle Geschöpfe sollten teilhaben an der Freude des Hochzeitspaares. Und es fanden sich auch alle, die Hermes eingeladen hatte, zur rechten Zeit ein – bis auf die Jungfrau Chelone. Diese weigerte sich zu erscheinen, blieb in ihrem Haus und spottete über die Vermählung. Als Hermes gewahr wurde, dass Chelone als einzige nicht unter den Gästen war, begab er sich auf die Erde zurück zum Haus der Jungfrau. Zur Strafe für ihr Versäumnis und ihre Missachtung stürzte er das Haus in den nahegelegenen Fluss und verfügte, dass sie das Haus fortan auf dem Rücken zu tragen habe. So verwandelte er Chelone in die ihren Namen tragende Schildkröte.

Schwan

Biologie: Diese großen Entenvögel sind mit fünf Arten auf der ganzen Welt vertreten. Ihr Lebensraum sind vegetationsreiche Süßgewässer in den gemäßigten und kälteren Regionen. Schwäne ernähren sich hauptsächlich von Unterwasserpflanzen, die sie vom Gewässergrund abweiden. Auch für die Brutzeit und die Aufzucht der Nachkommenschaft sind Seen das geeignete Areal, denn ihre schwimmenden Nester errichten Schwäne im Dickicht des Schilfgürtels. Der in unseren Breiten sehr bekannte Höckerschwan (*Cygnus olor*) verbleibt teilweise auch im Winter in seinen in Mittel- und Nordwesteuropa gelegenen Brutgebieten. Er gehört heute mit zu den häufigsten Wasservögeln an unseren Seen und Teichen.

Historisches: Als Bewohner weit im Norden gelegener Landschaften waren den Menschen der Antike vor allem der Höckerschwan und der Singschwan (*Cygnus cygnus*) als Zugvögel bekannt. Man bewunderte ihren langen, gewundenen Hals und das weiße Gefieder, hielt sie für Vögel der Weisheit und schätzte vor allem den Singschwan wegen seines posaunenartigen Rufens. Dass die Schwäne insbesondere vor ihrem Tode sängen, und dies in ganz besonders trauriger Weise, war eine sehr zweifelhafte Anschauung, die sich allerdings das gesamte Altertum hindurch gehalten hatte. So wurde der Schwan zum Sinnbild des Dichters.

Das Fett des Schwans verwendete man in der Medizin als Heilsalbe gegen Krankheiten und Hautunreinheiten.

Mythologie: Durch sein als Gesang empfundenes Rufen war der Schwan – griech. *kyknos* – Apollon, dem Gott der Musik und der Dichter, beigegeben; nicht zufällig waren deshalb auch die Sternbilder des Schwans und der Lyra von den Göttern nebeneinander an den Himmel gesetzt worden. Als Symbol der Wollust stand er auch in Beziehung zur Liebesgöttin Aphrodite.

In der Mythendichtung spielt der Schwan eine große Rolle. So finden sein Leben auf den Gewässern und der ihm zugeschriebene traurige Gesang eine Erklärung in der Verwandlungssage von König Kyknos. Ovid erzählt sie uns in den Metamorphosen (Ov. met. 2,367ff.).

Die Sage: Phaeton, der Sohn des Sonnengottes Helios, verlangte einst von seinem Vater als Beweis der Liebe, für einen Tag den Sonnenwagen lenken zu dürfen. Es reizte ihn die Aufgabe, die sonst nur Helios selbst zu erfüllen im Stande war. Trotz der Warnungen des Vaters bestand Phaeton auf seinem gefährlichen Wunsch. Nachdem nun die feurigen Rosse angeschirrt und der Zeitpunkt für das Erwachen des Tages gekommen war, fuhr der Jüngling los. Doch schon bald war Phaeton der Kraft der Rosse und den Schwierigkeiten der Fahrt nicht mehr

Der trauernde König Kyknos wird in den Schwan verwandelt

gewachsen, und er verlor die Macht über den Wagen. Hilflos raste er über den Himmel, ungestüm rissen ihn die Rosse mit dem Wagen zur Erde hinab. Durch die Glut der Sonne verbrannte ein Teil der Erde und Dürre machte sich breit. Als

Zeus das Unglück bemerkte, zögerte er nicht und schleuderte einen seiner Blitze nach dem Heliossohn, um der verheerenden Irrfahrt ein Ende zu bereiten. Vom Blitz getroffen und am ganzen Leibe brennend fiel Phaeton vom Wagen der Erde entgegen; sein lebloser Körper stürzte schließlich in den Fluss Eridanos. Dieses Unglück hatte auch König Kyknos von Ligurien gesehen, ein Verwandter und Freund des Phaeton. Am Ufer des Flusses setzte er sich nun nieder und trauerte so sehr, dass er in den seinen Namen tragenden Schwan verwandelt wurde. Dieser Vogel trauert seitdem mit dem Schwanengesang, meidet aus Angst vor den Blitzen des Zeus den hohen Himmel und lebt – das Feuer hassend – am Wasser, wo ihn keine Flamme bedrängen kann.

Specht

Biologie: Mit rund 200 Arten sind die Spechte fast weltweit vertreten. Charakteristisch für diese hauptsächlich in Bäumen lebenden Vögel sind die kräftigen Greiffüße und der meißelartige, spitze Schnabel. Dieser dient dem Specht einerseits zum Bau der Bruthöhle in Baumstämmen, andererseits zum Freilegen von unter der Rinde und im Holz verborgenen Insekten und deren Larven, die den Hauptteil seiner Nahrung ausmachen. Sind diese Leckerbissen aufgespürt, werden sie entweder mit der langen, klebrigen Zunge „angeleimt" oder mit der verhornten Zungenspitze regelrecht aufgespießt. Der Specht sorgt so in den Wäldern für eine natürliche Dezimierung der Holzschädlinge. Zimmert der Specht nicht gerade an seiner „Wohnung", dient das typische Trommeln an Stamm und Ästen dem Anlocken paarungswilliger Weibchen, wobei sich arttypische Rhythmen unterscheiden lassen. In Mitteleuropa leben hauptsächlich der Buntspecht (*Dendrocopos maior*), der Grünspecht (*Picus viridis*) und der Schwarzspecht (*Dryocopus martius*).

Historisches: Am häufigsten und bekanntesten war im Mittelmeergebiet der Schwarzspecht. Vor allem in Umbrien war er in frühitalischer Zeit als Totemtier von großer Bedeutung. Seine Fähigkeit, unter der Rinde verborgene Nahrung zu finden, trug ihm den Ruf ein, weissagende Kräfte zu besitzen. In Rom wurde er deshalb zu einem wichtigen Auguralvogel.

Mythologie: Der Specht – lat. *picus* – spielte in der Mythologie nur in Italien eine Rolle. So soll er der Sage nach zusammen mit der Wölfin zur Rettung der römischen Zwillinge Romulus und Remus beigetragen haben. Durch seinen starken, spitzen Schnabel hatte der Specht für die Menschen des antiken Italiens ein kriegerisches Aussehen, weshalb man ihn dem Kriegsgott Mars als heiligen Vogel beigab.

Circe verwandelt den fliehenden König Picus in den Specht

Im Specht sah man den verwandelten, lateinischen Urkönig Picus, dessen Namen er behielt. Die rein italische Verwandlungssage erzählt uns Ovid in den Metamorphosen (Ov. met. 14,312ff.).

Die Sage: In früher Zeit herrschte der junge Picus, Sohn des Titanen Saturn, als König über das italische Laurentum. Er war von schöner und erhabener Gestalt und hatte schon immer die bewundernden Blicke aller Nymphen aus der Umgebung auf sich gezogen. Doch er selbst liebte nur die Nymphentochter Canens und machte sie schließlich zu seiner Gemahlin.
Eines Tages begab sich der junge König mit seinem Gefolge auf die Jagd. Doch nicht nur er und seine Begleiter streiften in den Wäldern umher, sondern auch die zaubermächtige Göttin Circe, auf der Suche nach seltenen Kräutern. Als sie Picus auf hohem Ross erblickte, staunte sie über dessen Anmut und entbrannte in Leidenschaft zu ihm. Da sie keine Möglichkeit sah, sich ihm von den Begleitern unbemerkt zu nähern, ersann sie eine List. Sie nahm die Gestalt eines stattlichen Ebers an und lockte Picus tief in den Wald hinein. Seine Begleiter aber umgab sie mit Nebelwolken, sodass sie ahnungslos umherirren mussten. Picus aber war inzwischen vom Pferd gesprungen und verfolgte zu Fuß den trügerischen Eber bis ins Dickicht. Dort zeigte sich ihm Circe in ihrer wahren Gestalt und gestand ihm ihre Leidenschaft. Doch Picus wies sie zornig zurück und entgegnete ihr, er sei schon gebunden; seiner schönen Gemahlin werde er immer treu bleiben. Diese Kränkung verzieh ihm die Zauberin nicht. Wutentbrannt sprach sie ihre Zauberformeln und verwandelte den fliehenden König in den seinen Namen tragenden Specht. Seitdem sitzt dieser Vogel im Wald und schlägt aus Trauer und Wut über sein Schicksal ständig die Stämme der Bäume.

Spinne

Biologie: Spinnen zählen zu den Spinnentieren, die neben den Insekten die artenreichste Gruppe der landbewohnenden Gliederfüßer bilden. Zu den Spinnentieren gehören neben den Webspinnen (*Araneae*) u.a. die Skorpione, Milben und Weberknechte. Weltweit gibt es rund 30.000 Spinnenarten. Alle Spinnen besitzen am Ende ihres Hinterleibes Spinnwarzen. Die daraus abgesonderten Spinnfäden dienen nicht nur zum Bauen eines Fangnetzes, sondern auch zum Bilden des Eikokons, zum Anlegen von Wohnröhren und als Flug- und Fallfäden. So sind auch nur ein Teil der Spinnenarten Fallensteller, andere Arten jagen ihre Beute. Die Nahrung besteht hauptsächlich aus Insekten. Neben dem Tast- und Erschütterungssinn ist bei Spinnen der Gesichtssinn mit zwei bis (meist) acht Augen sehr gut ausgebildet. Die meisten bei uns heimischen Spinnen sind einjährig.

Historisches: In der Antike waren im Mittelmeerraum mehrere Spinnenarten bekannt. Dabei unterschied man meist nur allgemein die für den Menschen unschädlichen Spinnen – griech. *arachne* – und die gefürchteten Gift-

Athene verwandelt Arachne in die Spinne

spinnen – griech. *phalangion*. Einerseits gab es gegen die Bisse der Giftspinnen unzählige, vom Aberglauben beeinflusste Gegenmittel, andererseits dienten gerade diese Plagegeister auch als Heilmittel gegen Krankheiten, wenn man sie zu geheimnisvollen Tinkturen und Essenzen verarbeitete. In Träumen waren Spinnen immer ein Zeichen bevorstehenden Unheils. Besondere Beachtung fand aufgrund ihres kunstvoll gebauten Netzes die Kreuzspinne (*Araneus diadematus*); denn aus der Art des Netzes und dem Zeitpunkt, zu dem die Spinne es webt, meinte man, Hinweise auf Wetteränderungen ableiten zu können.

Mythologie: Auf den kunstvollen Netzbau der Spinne nimmt eine Verwandlungssage Bezug, die uns Ovid in den Metamorphosen erzählt (Ov. met. 6,5ff.).

Die Sage: Einst lebte in Lydien die Jungfrau Arachne. Ihr Vater war Stoffärber und somit von einfachem Stande. Doch Arachne hatte sich mit ihrer Webkunst weithin einen Namen gemacht, sodass sogar die Nymphen aus der Umgebung zu ihr kamen, um das Handwerk zu bestaunen. Doch diese Begabung ließ die Jungfrau eines Tages dem Hochmut verfallen, sie stellte ihr Können über das Athenes. Dieses Vergehen erfüllte die Göttin mit Zorn. In Gestalt einer alten Frau erschien sie Arachne und warnte sie, sich nicht mit den unsterblichen Göttern zu messen. Ruhm solle sie unter ihresgleichen suchen. Doch die Jungfrau erboste sich und beschimpfte die Alte. Die Göttin solle nur kommen und sich mit ihr in der Kunst des Webens messen. Auf diese Beleidigung hin zeigte die Göttin sich in ihrer wahren Gestalt und nahm den Wettstreit mit der Sterblichen an. Beide zeigten ihr Können am Webstuhl. Athene fertigte mit dem Faden erhabene Bilder der olympischen Götter und als Warnung für die frevlerische Jungfrau noch Beispiele für die Bestrafung hochmütiger Menschen. Arachne dagegen schuf ein Gewebe mit den Liebesgeschichten der Götter. Als beide die Arbeit beendet hatten, war Athene erzürnt über das Dargestellte und neidisch auf die hohe Kunstfertigkeit der Jungfrau. Sie zerriss das Gewebe Arachnes und schlug sie mit dem Schiffchen des Webstuhls. Dies ertrug Arachne nicht und erhängte sich an einem Faden. Doch Athene erfasste in diesem Moment Mitleid und sie verwandelte Arachne in die Spinne. Geblieben ist diesem Tier seit jenem Tag die Kunst, am Faden zu hängen und mit ihm die schönsten Netze zu weben.

Steinhuhn

Biologie: Diese rebhuhnartigen Hühnervögel leben besonders in felsigem und steinigem Gelände. Mit 6 Arten sind sie in Eurasien, Vorderasien und Nordafrika vertreten. Das in Italien, auf dem Balkan und in Griechenland lebende Steinhuhn (*Alectoris graeca*) ist in Form, Größe und Flugverhalten unserem Rebhuhn

Athene verwandelt den stürzenden Perdix in das Steinhuhn

ähnlich, das allerdings eher die Steppen- und Wiesengebiete Mitteleuropas als Lebensraum bevorzugt. Steinhühner errichten ihre Nester am Boden im Schutz von Felsgestein, Grasbüscheln und Gebüschen. In den trockenen, relativ lichten Hartlaubwäldern des Mittelmeergebietes leben sie meist in großen Familienverbänden von bis zu 100 Tieren. Als Nahrung dient ihnen hauptsächlich pflanzliche Kost, wie z.B. frische Gräser, Früchte und Samen.

Historisches: Das Steinhuhn war schon in der Antike ein begehrtes Federwild. Nicht nur die Jagd auf diese scheuen Vögel erfreute sich großer Beliebtheit, sondern auch das zarte Fleisch. Allerdings hielt man auch gezähmte Steinhühner zusammen mit anderem Geflügel, und auf den griechischen Inseln richtete man die Hähne sogar zu Kampfspielen ab. Fleisch, Innereien und Eier der Steinhühner dienten nicht nur als Nahrungsmittel, sondern auch als Heilmittel gegen verschiedene Leiden.

Mythologie: Die Menschen der Antike sagten dem Steinhuhn – griech. *perdix* – ein besonders wollüstiges Verhalten nach; deshalb eignete es sich hervorragend als Opfertier für die Liebesgöttin Aphrodite.

Die Vorliebe des Steinhuhns für steiniges und felsiges Gelände als Lebensraum mag der Entstehung der folgenden Verwandlungssage dienlich gewesen sein. Ovid erzählt uns das Schicksal des Jünglings Perdix in den Metamorphosen (Ov. met. 8,236ff.).

Die Sage: In Athen lebte einst Daidalos, der größte Baumeister und Künstler der damaligen Zeit. Seine Begabung und sein Erfindungsreichtum waren weithin berühmt. So entschied sich seine Schwester, ihren Sohn Perdix, als er ihr alt genug schien, bei Daidalos in die Lehre zu geben. Überaus verständig zeigte sich der Knabe in allem, was ihn sein Onkel lehrte. Doch der Wissensdurst und der Schaffensdrang des Perdix gaben sich mit dem Gelernten nicht zufrieden. Es drängte ihn, nicht nur schon Bestehendes nachzuahmen, sondern auch Neues zu schaffen. So übertrug er durch eigene Erfindung das Muster der Fischgräten auf geglättetes Eisen und schuf so die bis dahin noch nicht bekannte Säge. Auch der Zirkel und viele andere Handwerkszeuge waren das Werk dieses gelehrigen Schülers. Doch all diese Erfolge reizten Daidalos, und Neid auf seinen Neffen stieg in ihm auf. Als er eines Tages die Begabung und den Erfolg des Perdix nicht mehr ertragen konnte, stürzte er ihn von der Akropolis, dem heiligen Berg der Göttin Athene. Weit stürzte Perdix die Felsen hinab, bis Athene selbst sich seiner erbarmte. Sie gab ihm noch im Flug ein Gefieder sowie tragende Flügel und verwandelte ihn in das seinen Namen tragende Steinhuhn. Aus Angst vor den hohen Felsen lebt dieser Vogel seitdem am steinigen Boden und baut auch dort seine Nester.

Steinkauz

Biologie: Der Steinkauz (*Athene noctua*) lebt in Mitteleuropa und in den Gebieten um das gesamte Mittelmeer. Auch bis nach China reicht sein Verbreitungsgebiet. Dieser Eulenvogel bevorzugt als Lebensraum Landschaften mit lichtem Baumbestand. Dort sitzt er häufig in der Dämmerung auf der Spitze eines Baumes und hält nach Beutetieren Ausschau. Als Nahrung dienen ihm vor allem Kleinsäuger und andere Vögel. Seine Nester mit vier bis fünf Eiern legt er in ungepolsterten Nischen von Baumhöhlen und Felsspalten an. Aber auch in Löchern alter Gemäuer findet man seine Nester, soweit er sich in menschliche Siedlungsgebiete traut. Charakteristisch sind für den Steinkauz der wellenförmige Flug und die als „Knicksen" bezeichneten schnellen Auf- und Abbewegungen des Kopfes, die er bei Beunruhigung zeigt. In Deutschland ist der Bestand an Steinkäuzen aufgrund der dichten Besiedelung heute nur noch gering.

Historisches: In der Antike war der Steinkauz – griech. *glaux* – besonders in Griechenland der meist beachtete Eulenvogel. Er galt als Wetterprophet, denn aus seinem Schreien zu unterschiedlichen Tageszeiten und in verschiedenen Wetterlagen meinte man Vorhersagen für Regen und Sonne treffen zu können. Zudem verhieß es Glück, wenn man ihn fliegen sah, Unglück aber, wenn er auf einem erhöhten Punkt saß und Schreie von sich gab. Zahme Käuze hielt man im Haus oder richtete sie zum Vogelfang ab. Das Gehirn, die Leber und die Eier fanden in der Medizin mancherlei Anwendung. Wurde ein Steinkauz am Scheunentor befestigt, glaubte man Haus und Hof gegen Blitz- und Hagelschlag geschützt.
Besonders häufig waren Steinkäuze in Attika und hier vor allem in Athen. Sie besiedelten die Felsen der Akropolis in so großer Zahl, dass nicht nur griechische Münzen ihr Bild trugen, sondern auch das geflügelte Wort „Eulen nach Athen tragen" sinnbildlich für ein äußerst überflüssiges Vorhaben wurde.

Mythologie: Da der Steinkauz in so großer Zahl die Akropolis, die heilige Burg der Athene, bewohnte und so scharfe, funkelnde Augen besitzt, machte man ihn zum heiligen Vogel der kriegerischen Athene. Münzen, Standbilder und Vasenmotive zeigen den Steinkauz immer wieder als Begleiter dieser Göttin.
Die Beziehung zu Athene und die Vorliebe für das Dämmerungsleben dieser Nachteule – griech. allgemein *nyktimene* – erklärt uns eine Verwandlungssage, von der wir in den Metamorphosen Ovids hören (Ov. met. 2,591ff.).
Die Sage: Einst herrschte auf Lesbos König Epopeos. Er hatte eine wunderschöne Tochter, Nyktimene mit Namen. Als sie zu einer jungen Frau herangereift war, spürte sie, dass sie ihren Vater begehrte. Immer stärker wurde das Verlangen, mit ihm die Liebe zu genießen, so kam es eines Tages zu der frevlerischen Tat. Nyktimene verführte ihren Vater und teilte mit ihm das Lager.

Doch als die Welle der Leidenschaft vorüber war, wurde sie gewahr, welches Verbrechen sie begangen hatte. Voll Reue und Scham floh sie aus dem väterlichen Palast und verbarg sich fortan in den Wäldern. Doch die Göttin Athene hatte Mitleid mit der Königstochter, verwandelte sie in einen Vogel, den Steinkauz, und nahm sie in ihr Gefolge auf. Zur Nachteule geworden blieb Nyktimene nur die Scham über die grässliche Tat. Seit ihrer Verwandlung meidet sie deshalb das Licht und zeigt sich nur im Dunkel der Nacht.

Uhu

Biologie: Dieser große Eulenvogel ist mit zehn Arten weltweit vertreten, wobei in Europa nur der eurasiatische Uhu (*Bubo bubo*) heimisch ist. Da er sehr scheu ist, bewohnt er hauptsächlich ruhige Wälder. Dort jagt er vorzugsweise in der Dämmerung. Zur Beute gehören andere Vögel, Fische und kleine bis mittelgroße Säugetiere (Mäuse, Kaninchen u.a.). Für die Brutzeit sucht der Uhu verlassene Horste von Greifvögeln und Reihern, aber auch Fels- und Baumhöhlen auf. Während die zwei bis drei Eier eines Geleges nur vom Weibchen bebrütet werden, hilft das Männchen bei der Aufzucht der Jungtiere mit. Der Uhu schlägt bei der Jagd oft nur alte und kranke Beutetiere und trägt so zur Gesunderhaltung des Tierbestandes in den Wäldern bei. In weiten Teilen Mitteleuropas ist der Uhu heute ausgerottet, konnte aber durch verstärkte Tierschutzmaßnahmen in einigen Gebieten wieder erfolgreich angesiedelt und so vor dem Aussterben bewahrt werden.

Historisches: Dem Uhu schrieben die Menschen der Antike ausschließlich negative Eigenschaften zu. Aussehen und Verhaltensweise brachten dem menschenscheuen Vogel nicht nur üble Nachrede ein, sondern auch Verfolgung und Tod. Denn aufgrund seiner großen, orangeroten Augen bezeichnete man ihn in Rom als den Funkenvogel, *spinturnix*, der durch sein Erscheinen so manche Feuersbrunst zu verantworten haben sollte. Zudem sah man in diesem dämmerungsaktiven Vogel immer eine verwandelte Hexe oder einen Unterweltdämon repräsentiert. Sein charakteristisches Rufen – *puhhuh* – bezeichnete man als Leichengesang und wertete sein Erscheinen als Trauer und Unheil verkündendes Zeichen.

Mythologie: Durch seine funkelnden Augen, sein unheimliches Rufen und sein nächtliches Treiben galt der Uhu nicht nur in der öffentlichen Wahrsagung als ein Vogel unheilvollster Vorbedeutung, sondern vor allem auch in der Mythologie.

Die Sage, durch die der Uhu den Ruf des Unheil verkündenden Unterweltvogels erhielt, erzählt uns Ovid in den Metamorphosen (Ov. met. 5,533ff.).

Die Sage: Hades hatte einst Persephone, die Tochter des Zeus und der Demeter, überfallen und in sein unterirdisches Reich entführt. Er war in Liebe zu ihr entbrannt und gedachte, sie zu seiner Gemahlin und damit zur Herrscherin über das Reich der Toten zu erheben. Nachdem Demeter lange vergeblich auf dem ganzen Erdkreis nach ihrer Tochter gesucht und schließlich von der Entführung durch Hades erfahren hatte, begab sie sich in ihrer Verzweiflung zu Zeus und bat ihn, ihr bei der Befreiung ihrer gemeinsamen Tochter zu helfen. Dieser gewährte die Bitte, erinnerte aber daran, dass die drei Parzen, die Schicksalsgöttinnen, bestimmt hätten, dass Persephone nur dann zu den Lebenden zurückkehren könne, wenn sie noch nicht von einer Frucht aus dem Reich der Toten gekostet hätte. So war Demeter voller Hoffnung, ihre Tochter wiederzugewinnen. Doch das Schicksal hatte es anders bestimmt: Persephone hatte im Reich der Toten völlig arglos bereits die Kerne des Granatapfels gekostet. Dies wäre auch verborgen geblieben, hätte es nicht Askalaphos, der Sohn des Flussgottes Acheron und der Unterweltnymphe Orphne, beobachtet. Dieser verriet es Hades, und die Möglichkeit, auf die Erde zurückzukehren war für Persephone damit verloren. Als Strafe für diesen Verrat aber verwandelte Persephone Askalaphos in den Uhu, der fortan den Sterblichen ein Bote der Trauer und ein Zeichen des Unheils sein sollte.

Wiedehopf

Biologie: In Asien und Afrika ist der Wiedehopf (*Upupa epops*) häufig anzutreffen, in Europa dagegen ist er aufgrund der Eingriffe in seinen Lebensraum durch den Menschen selten geworden. Seine aus Insekten und deren Larven bestehende Nahrung sucht er mit dem langen, gebogenen Schnabel entweder im Erdboden oder in Dunghaufen; seine Nester legt er in Baumhöhlen an. Wenn der Wiedehopf im April aus Südasien und Südafrika in die Brutreviere im Norden Afrikas und in Eurasien zurückkehrt, kann man dort den charakteristischen Balzruf, ein dreisilbiges *hupupup*, hören. Der unangenehme Geruch, der einem Wiedehopfnest entströmt, entsteht einerseits durch ein Sekret, das das Weibchen mit der Bürzeldrüse verteilt, andererseits durch den dünnflüssigen Kot der Nestlinge. Dieser Geruch hat dem Wiedehopf auch den unrühmlichen Namen Stinkhahn eingetragen.

Historisches: Weil der Wiedehopf seine Nahrung im Mist anderer Tiere sucht, galt er in der Antike als unappetitlicher und schmutziger Vogel. Dem

Volksglauben zufolge soll er im Besitz einer Pflanze gewesen sein, die es ermöglichte, verborgene Schätze aufzuspüren. Zudem soll er Einfluss auf das Wachstum der Weinreben gehabt haben.

Mythologie: Besonders seine äußere Erscheinung mit dem wie ein Helmbusch anmutenden Kopfschmuck und sein langer gebogener Schnabel machten den Wiedehopf für Verwandlungssagen sehr geeignet. So sah die Mythologie in ihm den verwandelten Krieger Tereus. Der für den Wiedehopf charakteristische Balzruf – *hupupup* – klang für die Griechen außerdem wie die wiederholten Fragewörter *pou? pou? – Wo? Wo?*. Denn mit diesen Rufen soll Tereus seine vor ihm fliehende Frau Prokne gesucht und verfolgt haben (s. auch Nachtigall).

Warum Tereus seine Frau verfolgte und dabei in einen Wiedehopf verwandelt wurde, erzählt uns Apollodor (Apoll. 3,14).

Die Sage: Pandion, der König von Athen, verbündete sich einst mit Tereus von Thrakien gegen König Labdakos von Theben. Gemeinsam besiegten sie ihn. Als Dank für diese Waffenhilfe gab Pandion eine seiner Töchter – Prokne – Tereus zur Frau. Ihren gemeinsamen Sohn nannten sie Itys. Tereus aber hatte sich schon damals, als er Pandion im Kriege unterstützt hatte, in die zweite Tochter des Königs – Philomela – verliebt. Jetzt flammte das Begehren nach dieser Frau wieder auf. So ließ er ihr berichten, dass Prokne tot sei, und lockte sie so zu sich nach Thrakien und verführte die Ahnungslose. Damit sie aber der Schwester nichts von dem an ihr begangenen Verbrechen würde erzählen können, schnitt er ihr die Zunge heraus und verbarg Philomela selbst im Kerker. Doch diese webte in der Gefangenschaft eine Decke, auf der sie all ihr Leid darstellte. Diese Decke konnte sie ihrer Schwester unbemerkt zukommen lassen. Als Prokne durch die Bilder begriff, was ihre Schwester hatte erdulden müssen, erfasste sie unbändiger Hass gegen ihren Gemahl. Der Hass war so stark, dass sie nicht einmal auf ihren eigenen Sohn Rücksicht nahm, um sich an Tereus zu rächen. Blind vor Wut fiel sie über Itys her und ermordete ihn. Seinen Leib zerstückelte sie, kochte ihn und trug ihn dem Tereus zum Mahle auf. Als der eigene Vater sah, was er zu essen vor sich hatte, erfasste auch ihn die Raserei und er verfolgte Prokne, die mit ihrer Schwester aus dem Hause geflohen war, weit durch die Lande. Als er sie beinahe eingeholt hatte, da flehten die Schwestern um Hilfe und die Götter erhörten ihr Flehen. Sie verwandelten Prokne in eine Nachtigall, Philomela in eine Schwalbe, Tereus aber in einen kriegerisch anmutenden Vogel, den Wiedehopf. Seine Rufe „Wo? Wo?", mit denen er einst Prokne gesucht hatte, blieben ihm auch als Vogel erhalten.

Prokne rächt sich an Tereus

Wolf

Biologie: Aus seinem ursprünglichen Verbreitungsgebiet – der gesamten nördlichen Halbkugel – ist der Wolf (*Canis lupus*) heute durch menschliche Nachstellungen fast weitgehend vertrieben. Nur in Alaska, Kanada und den asiatischen Teilen Russlands finden sich noch größere Bestände. Wölfe sind sehr gesellig und finden sich zu Gruppen von bis zu 20 Tieren, den sog. Rudeln, zusammen, in denen sie ein ausgeprägtes Sozialverhalten zeigen. So dient ihr Heulen nicht nur der Verständigung über weite Entfernungen, sondern auch einer Festigung des Sozialverbandes. Auch ihre Nahrung beschaffen sich Wölfe gemeinschaftlich. Meist sind es große Huftiere wie Elche, Hirsche und Rehe, die sie in einer Hetzjagd erlegen. Unsere heutigen Haushunde sind gezähmte Nachkommen der Wölfe. Vor allem das Sozialverhalten und die Verständigkeit sind Eigenschaften des Wolfes, die den Menschen schon in der Steinzeit veranlassten, sich durch Domestikation dieses Tieres einen treuen Begleiter zu schaffen.

Historisches: Im gesamten Mittelmeergebiet galt der Wolf als gefräßig und mordlustig. Er wurde somit zum Symbol unermesslicher Gier. Sein Erscheinen und Heulen waren besonders in Rom immer ein Zeichen unheilvoller Vorbedeutung und kündeten von bevorstehendem Tod. Für Bauern und Hirten war der Wolf der gefährlichste Feind, der sich ihren Schaf- und Ziegenherden nähern konnte. Trotz dieser Abneigung gegenüber dem Wolf verwendete man seine Innereien zu allerlei Heilzwecken. Seit dem Dichter Äsop spielte der Wolf auch in der Tierfabel eine bedeutende Rolle.

Mythologie: Dem Wolf haftete immer etwas Unheimliches, aber auch etwas Göttliches an. Damit verbunden war die im Volk weitverbreitete Vorstellung vom Werwolf als einem verwandelten Menschen, der sich des Verzehrs von Menschenfleisch schuldig gemacht hatte. Die Beziehung des Wolfes – griech. *lykos* – zu Zeus und Apollon ist zwar belegt, unsicher bleiben aber die Ursachen dafür. Denn die Wesenszüge des Wolfes sind mit denen dieser Götter nicht vereinbar. Nur bei Apollon verweist die Bezeichnung „Wolfstöter" auf die Funktion des Gottes als Begleiter der Hirten und Schützer der Herden. Für die Römer war der Sage nach eine Wölfin die Ziehmutter der Zwillinge Romulus und Remus, und der Wolf somit dem Kriegsgott Mars, dem Vater der beiden Knaben, als heiliges Tier beigegeben.

In Beziehung zum Werwolfsglauben steht die Sage von der Verwandlung des grausamen Königs Lykaon, die uns Ovid in den Metamorphosen erzählt (Ov. met. 1,209ff.).

Die Sage: Einst herrschte in Arkadien König Lykaon, dessen Grausamkeit über alle Lande hinaus bekannt war. Auch Zeus erfuhr von den Untaten des Königs

Zeus verwandelt den grausamen König Lykaon in den Wolf

und beschloss, sich auf die Erde hinabzubegeben, um die Anschuldigungen selbst beurteilen zu können. So erschien er in der Gestalt eines Menschen im Palast des Lykaon. Die Menschen spürten, dass sich ein Gott genähert hatte und begannen zu beten. Lykaon aber verspottete sie und verkündete, er wolle den Fremden prüfen, dann werde sich herausstellen, ob er wirklich ein Gott sei. Sein Plan war es, den Gast des Nachts zu ermorden. Doch mit diesem frevlerischen Vorhaben war es dem König noch nicht genug. Er ließ für das Mahl am Abend einen Gefangenen töten und setzte ihn Zeus als Speise vor, um ihn zu prüfen. Diese Grausamkeit erzürnte den Göttervater so sehr, dass er augenblicklich mit seinem Blitz den Palast zerstörte. Auch Lykaon erkannte nun die Göttlichkeit des Fremden und floh aus der Stadt. Aber der Zorn des Zeus erreichte den König auch in der Ferne. Auf einem Feld verwandelte er den grausamen Lykaon in einen Wolf. Die Mordlust blieb ihm von seinem früheren Wesen, so stürzt er sich seit dieser Zeit immer wieder in die angstvollen Herden, um grausam zu töten.

Zikade

Biologie: Zikaden sind mit rund 35.000 Arten weltweit vertreten. Von diesen leben allerdings nur rund 500 in Mitteleuropa. Im Gegensatz zu den einheimischen Zikaden, die meist nur wenige Millimeter groß werden und eher unauffällig braun, grün oder schwarz gefärbt sind, finden sich die größten und farbenprächtigsten Vertreter dieser Insekten in tropischen und subtropischen Gebieten. Die dort lebende sog. Kaiserzikade (*Pomponia imperatoria*) kann eine Größe von bis zu 7 cm erreichen. Zikaden ernähren sich vegetarisch, indem sie mit ihren stechend-saugenden Mundwerkzeugen den kohlenhydratreichen Saft aus den Leitungsbahnen von Pflanzen absaugen. Bei massenhaftem Auftreten von Zikaden – besonders in wärmeren Ländern – kann diese Ernährungsweise zu erheblichen Schäden an Pflanzenbeständen führen und die landwirtschaftliche Produktion beeinträchtigen

Eine unüberhörbare Besonderheit der Zikaden ist das in mediterranen Ländern allgegenwärtige Zirpen. Diese Laute erzeugen die Männchen mithilfe eines sich am Hinterleib des Tieres befindenden Trommelorgans. Durch einen im Körperinneren gelegenen Muskel wird ein Teil des Chitinpanzers nach innen eingedellt, bei Entspannung des Muskels springt die verformte Körperoberfläche wieder in ihre alte Form zurück. Wiederholt sich dieser Vorgang bis zu mehrere hundert Male in der Sekunde, entsteht das bekannte Zirpen. Diese beeindruckende Lautäußerung dient der Kontaktaufnahme mit den Weibchen. Ihre Eier legen Zikaden entweder mit einem Legestachel in Pflanzenteile oder in der Erde ab.

Historisches: Mehrere Zikadenarten waren im Mittelmeergebiet und Vorderasien bekannt und von den Zoologen des Altertums gut untersucht. So hatte zumindest schon Aristoteles festgestellt, dass diese Zikaden ihr Zirpen nicht wie die Grillen durch Aneinanderreiben der Flügel erzeugen, sondern durch eine Membran an der Körperoberfläche, was der biologischen Erklärung dieses Lautphänomens erstaunlich nahe kommt. Das Zirpen selbst galt als Zeichen des Sommers und wurde einerseits als wohlklingender Gesang empfunden, was die Zikade zum Symbol der Dichter machte, andererseits galt es aber in seiner Beharrlichkeit auch als störend.

Mythologie: Wegen ihres als Gesang empfundenen Zirpens gab man die Zikade den Musen und Apollon, dem Schutzgott der Dichter, bei.

Aus der Tatsache, dass die Zikade in der stärksten Mittagshitze und in fast völlig ausgedorrten Landstrichen leben und singen kann, mag sich wohl die Sage von der Entstehung dieses Tieres ergeben haben. Im Vergil-Kommentar des Servius lesen wir, wie der einst schöne Jüngling Tithonos in die Zikade verwandelt wurde (Serv. Verg. Georg. 3,328).

Die Sage: Eos, die Göttin der Morgenröte, liebte alles, was schön und jugendlich war. So verliebte sie sich auch eines Tages in den anmutigen Jüngling Tithonos. Sie konnte seinem Reiz nicht widerstehen, entführte ihn aus seiner Heimat und machte ihn zu ihrem Gemahl. Doch Eos merkte sehr schnell, dass Tithonos ein Sterblicher war, denn die Jahre gingen ins Land und machten der Göttin deutlich, dass Tithonos nicht ewig mit ihr würde leben können. So begab sie sich eines Tages zu Zeus und bat den Göttervater um Unsterblichkeit für ihren Gemahl. Zeus gewährte ihr diese Gunst; doch Tithonos alterte genauso wie in den Jahren zuvor. Denn Eos hatte bei ihrem Wunsch nach Unsterblichkeit des Gatten vergessen, auch um ewige Jugend für ihn zu bitten. So wurde Tithonos vom Alter gezeichnet und schrumpfte immer mehr zu einer kleinen, trockenen Hülle zusammen. Eos aber, für die von ihrem Gatten nichts mehr vorhanden war, weswegen sie sich einst in ihn verliebt hatte, verwandelte Tithonos in die Zikade, damit er sie zumindest mit Gesang erfreuen könne.

Anhang

Glossar der Götter und mythologischen Gestalten

Im Folgenden sind die antiken Götter und mythologischen Gestalten aufgeführt, die in den vorangegangenen Verwandlungssagen eine wichtige Rolle spielen oder mit der jeweiligen Pflanze bzw. dem jeweiligen Tier in unmittelbarer oder mittelbarer Beziehung stehen. Die Erklärungen finden sich grundsätzlich unter den griechischen Namen.

Aesculapius: s. Asklepios

Amor: s. Eros

Aphrodite: (röm.: **Venus**); **Göttin der Schönheit und der Liebe**; Aphrodite wurde als Tochter des → Zeus und der Titanin Dione (→ Titanen) oder aus dem Meerschaum geboren und gehörte zu den zwölf großen olympischen Göttern (→ Götter, olympische). Sie war die Mutter u.a. des Liebesgottes → Eros.

Apollon: (röm.: **Apollo**); **Gott der Dichtkunst, Musik, Weissagung und Heilkunst**; Sohn des → Zeus und der Titanin Leto (→ Titanen), Zwillingsbruder der → Artemis. Apollon war einer der zwölf großen olympischen Götter (→ Götter, olympische). Als eine Gottheit, die mit der Sonne in Verbindung stand, trug er den Beinamen Phoibos (hell).

Ares: einer der zwölf großen olympischen Götter (→ Götter, olympische); s. **Mars**

Argonauten: Gruppe berühmter Helden, die Iason half, das Goldene Vlies zu finden. Dieses Fell eines Widders, das von einer gefährlichen Schlange bewacht wurde, musste er beschaffen, um seinen rechtmäßigen Anspruch auf den Königsthron gegenüber seinem Halbonkel Pelias durchzusetzen.

Für dieses Unternehmen konnte Iason rund 50 der berühmtesten Helden gewinnen. Gemeinsam stachen sie mit dem Schiff *Argo* in See, um das Goldene Vlies zu finden. Auch wenn es Iason nach vielen Abenteuern schließlich gelang, diese Aufgabe zu lösen und Pelias das Goldene Vlies zu überbringen, bestieg er doch niemals seinen ihm zustehenden Thron, sondern fand als einsamer Mann den Tod. Er wurde in Korinth von einem herabstürzenden Balken der abgetakelten Argo erschlagen. Nach diesem Schiff benannte man die Helden, die auf dieser gefährlichen Reise mitgefahren waren, die Argonauten.

Artemis: (röm.: **Diana**); **Göttin der Jagd und des Bogenschießens**; als Tochter des → Zeus und der Titanin Leto (→ Titanen) war sie die Zwillingsschwester des → Apollon und zählte zu den zwölf großen olympischen Göttern (→ Götter, olympische). Trotz ihrer Begeisterung für die Jagd und das Bogenschießen galt sie doch als Beschützerin der wilden Tiere und aller schwachen Geschöpfe.

Asklepios: (röm.: **Aesculapius**); **Gott der Heilkunst**; Sohn des → Apollon und der Koronis, einer sterblichen Frau. Als er mit seiner Heilkunst sogar Tote zu erwecken wagte, traf ihn Zeus mit einem Donnerkeil und stieß ihn dadurch in die Unterwelt.

Athene: (röm.: **Minerva**); **Göttin des Krieges, der Weisheit, der Wissenschaften und Künste**; Tochter des → Zeus und der Titanin Metis (→ Titanen). Der Sage nach entsprang Athene bei der Geburt dem Haupte ihres Vaters. Sie gehörte zu den zwölf großen olympischen Göttern (→ Götter, olympische) und Schutzpatronin der Stadt Athen.

Aurora: s. Eos

Bacchus/Bakchos: s. Dionysos

Ceres: s. Demeter

Circe: s. Kirke

Cupido: s. Eros

Demeter: (röm.: **Ceres**); **Göttin der Fruchtbarkeit der Felder und des Getreides**; so wurde sie auch bei den Römern als volkstümliche Gottheit verehrt. Als Tochter der → Titanen → Kronos und → Rhea geboren, zählte sie zu den großen olympischen Göttern (→ Götter, olympische), zog es aber vor, auf der Erde zu leben. Ihr Name bedeutet übersetzt: „Mutter Erde". Ihrem Bruder → Zeus gebar sie eine Tochter, → Persephone.

Diana: s. Artemis

Dionysos oder **Bakchos:** (röm.: **Bacchus**); **Gott des Weines und der Extase**; Sohn des → Zeus und der Semele. Als ursprünglicher Vegetationsgott nahm er sich besonders des Weines und des Weinbaus an. An seinen Festtagen im Winter (Dionysien / Bacchanalien) betrat er mit lärmenden, halb göttlichen, halb tierischen Wesen – den Nymphen, Satyrn und Silenen – die Erde und feierte besonders mit den Frauen orgiastische Feste.

Dis: s. Hades

Eos: (röm.: **Aurora**); **Göttin der Morgenröte**; Tochter der → Titanen Hyperion und Theia. Jeden Morgen entstieg sie dem Meer und schwebte über den Himmel. Der Dichter Homer nannte sie je nach der Farbe des Himmels u.a. „die Rosenfingrige" oder „die Safrangewandete". Ihrem ersten Gatten, dem → Titanen Astraios, gebar sie nicht nur den Morgenstern, sondern auch die übrigen Gestirne.

Eros: (röm.: **Amor** = Liebe oder **Cupido** = Begierde); **Gott der geschlechtlichen Liebe**; Sohn der → Aphrodite und des → Ares oder als kosmische Urmacht aus dem Chaos hervorgegangen. Mit seinen goldenen Pfeilen konnte er in den Menschen die Begierde erwecken, konnte sie aber mit Pfeilen aus Blei auch verhindern, wenn nicht gar in Abneigung verwandeln.

Fatae: s. Moiren

Gaia oder **Ge:** (röm.: **Terra** oder **Tellus**); „Mutter"-Erde; vor Beginn der Welt zusammen mit Tartaros (Unterwelt), → Nyx (Nacht), Erebos (Finsternis) und → Eros (zeugende

Liebe) aus dem Chaos hervorgegangen. → Uranos (Himmel), Pontos (Meer) und die Gebirge entsprangen direkt aus Gaia. Aus der Vereinigung der Gaia mit ihrem Sohn Uranos gingen viele sagenhafte Wesen, u. a. die → Titanen hervor.

Gorgonen: drei weibliche, grässlich aussehende Ungeheuer; diese Schwestern – Sthenno (die Starke), Euryale (die Weitspringende) und Medusa (die Herrscherin) – sollen von so furchterregender Gestalt gewesen sein, dass jeder, der sie ansah, zu Stein erstarrte. Ihre Häupter waren von Schlangen übersät und sie selbst, außer Medusa, unsterblich. Sie sollen im äußersten Westen des Erdkreises gehaust haben.

Götter, olympische: das letzte Göttergeschlecht, das nach dem Kampf gegen die → Titanen über die Welt herrschte. Anfangs zählten zwölf von ihnen zu den obersten Göttern (Zwölfgötter), deren Wohnsitz sich der Sage nach auf dem Olymp befand: → Zeus, → Hera, → Apollon, → Artemis, → Ares, → Athene, → Aphrodite, → Hephaistos, → Hermes, → Poseidon, → Demeter und Hestia. Später wurde auch → Dionysos zu einem olympischen Gott.

Hades: (röm.: **Pluton** oder **Dis**); **Gott der Toten und der Unterwelt**; als solcher herrschte er nicht nur über die Seelen der Verstorbenen, sondern auch über den in der Erde verborgenen Reichtum (daher sein römischer Name Pluto = Reichtum, Dis = dives = reich). Er war ein Sohn der Titanen Kronos und Rhea und somit ein Bruder des Zeus, mit dessen Zustimmung er → Persephone als seine Gattin erlangte und sie zur Herrscherin über die Toten machte.

Helios: (röm.: **Sol**); **Gott der Sonne oder auch die Sonne selbst**; Sohn der → Titanen Hyperion und Theia. Man erzählte sich, dass er am Tage auf seinem von vier feurigen Rossen gezogenen Wagen über den Himmel fährt und des Nachts in einer goldenen Schale wieder nach Osten zurückkehrt. Als Gott, der von oben alles sehen und hören konnte, rief man ihn bei Eiden und Versprechen als Zeugen an.

Hephaistos: (röm.: **Vulcanus**) **Gott des Feuers** sowie der Schutzgott aller Handwerker, die mit dem Feuer arbeiten, besonders der Bronzegießer. Hephaistos war einer der zwölf großen olympischen Götter (→ Götter, olympische) und arbeitete als Schmied und Baumeister hauptsächlich für die übrigen Gottheiten. Wegen seiner häßlichen Gestalt (er war lahm) wurde er häufig zum Gespött der übrigen Götter. Seine Schmiedewerkstätten dachte man sich u.a. in den Vulkanen Siziliens und Unteritaliens. Trotz seines Gebrechens hatte er → Aphrodite, die schönste aller Göttinnen, zur Gemahlin.

Hera: (röm.: **Iuno**); **Beherrscherin des Himmels und Schutzgöttin der Ehe**; Tochter der → Titanen → Kronos und → Rhea. Sie war eine Schwester des → Zeus und auch seine Gemahlin. Obwohl sie die Ehe und den Lebensbereich der Frau beschützte, litt sie selbst ständig unter den Affären ihres Gatten, dem sie infolgedessen immer eifersüchtig nachstellte. Hera gehörte zu den zwölf großen olympischen Göttern (→ Götter, olympische).

Herakles/Hercules (röm.); **berühmtester Held der antiken Mythologie**; Sohn des → Zeus und der Alkmene, einer Sterblichen. Da → Hera diesen unehelichen Sohn ihres Gemahls hasste, strafte sie Herakles mit einem Anfall von Wahnsinn, sodass er seine Familie tötete. Als Sühne für dieses Verbrechen nahm Herakles die berühmten zwölf Taten auf sich, die kein Sterblicher sonst hätte vollbringen können. Nach einem langen, mühevollen, aber auch ruhmreichen Leben auf Erden, stieg er zu den unsterblichen Göttern des Olymps auf.

Hermes: (röm.: **Mercurius**); **Götterbote und Schutzgott der Reisenden, der Diebe und Kaufleute; Begleiter der toten Seelen in die Unterwelt**; Sohn des → Zeus und der Maia. Der Götterbote war mit Hut und Flügelschuhen bekleidet und hielt den Heroldstab in der Hand, wenn er die Aufträge der Götter ausführte und ihre Botschaften überbrachte. Hermes war einer der zwölf großen olympischen Götter (→ Götter, olympische)

Hypnos: Gott des Schlafes; in der Mythologie galt er als Sohn der Nacht (→ Nyx) und Bruder des Todes (→ Thanatos). Doch nicht nur die Menschen vermochte Hypnos einzuschläfern; denn einst sang er – in Gestalt einer Nachtschwalbe – sogar den Göttervater → Zeus in den Schlaf.

Iuno: s. Hera

Iupiter/Iuppiter: s. Zeus

Kentaur(en): Sagenhafte Wesen, halb Mensch, halb Pferd; sie bewohnten die Berge Thessaliens und waren wilde und lüsterne Kerle. Nur Cheiron, der aus der Verbindung von → Kronos und der Okeanide Philyra (→ Okeaniden) hervorgegangen war, hatte einen sanften und gütigen Charakter und übernahm deshalb die Erziehung vieler griechischer Helden.

Kirke: (röm.: **Circe**); **mächtige Zauberin**; Tochter des Sonnengottes → Helios und der Okeanide Perse (→ Okeaniden). Kirke lebte auf der Insel Aiaia (von antiken Autoren als Kap Circaeum bezeichnet und an der Westküste Italiens gelegen). Fremde Seefahrer, die ihre Insel betraten, verzauberte sie in die unterschiedlichsten, wilden Tiere. Bei Homer ist sie eine zauberkräftige Göttin, der auch einige Gefährten des → Odysseus in die Hände fallen und von ihr zu Schweine verwandelt werden. Die italische Sage kennt sie u.a. als die Zauberin, die König Picus, der ihre Liebe verschmähte, in einen Specht verwandelte.

Kronos: (röm.: **Saturnus**); **Oberster der** →Titanen.

Kybele: alte Naturgottheit, deren Kult ursprünglich aus Kleinasien (Phrygien) stammte und die in der griechischen Mythologie der in Kreta beheimateten Göttin → Rhea gleichgesetzt wurde. So war sie ebenfalls eine Personifikation der „Mutter Erde", die in der Natur über das gesamte Erdenleben wachte.

Mars: (s. auch griech. **Ares**); **römischer Gott des Krieges** (und auch der Landwirtschaft); dieser Gott war dem griechischen Kriegsgott Ares gleichgesetzt, hatte in Rom aber immer eine wesentlich stärkere Bedeutung als in Griechenland. Der Sage nach war er der Vater der beiden Zwillinge Romulus und Remus und dadurch auch der Ahnherr des römischen Volkes. So war er nach → Jupiter der bedeutendste Gott der italischen Völker.

Medusa: s. **Gorgonen**

Mercurius: s. **Hermes**

Minerva: s. **Athene**

Moiren: (röm.: **Parcae/Parzen/Fatae**); **die drei Göttinnen des Schicksals**; ursprünglich waren die Moiren Göttinnen, die über den Verlauf der Geburt wachten und schließlich zum Inbegriff des Schicksals wurden.

Musen: Schutzgöttinnen der Künste und der Wissenschaften; der Sage nach bewohnten die Musen hauptsächlich Berge, vor allem den böotischen Helikon und das Gebiet am Olymp. Den Musen – neun an der Zahl – schrieben die Dichter ihre Inspiration zu und baten sie um Unterstützung für jedes neu zu beginnende Werk. Angeführt wurden diese Göttinnen der schönen Künste durch → Apollon, den Gott der Musik und der Dichtkunst.

Nemesis: Göttin der Vergeltung für Verbrechen und unerwiderte Liebe.

Neptunus: s. **Poseidon**

Nymphen: Naturdämonen von menschlicher, meist weiblicher Gestalt; aufgrund ihres göttlichen oder halbgöttlichen Wesens waren sie unsterblich oder hatten zumindest ein sehr langes Leben. In der Vorstellung der Antike waren alle Naturerscheinungen von bestimmten Nymphen erfüllt.

Die antike Mythologie unterscheidet mehrere Gruppen von Nymphen, die in unterschiedlichen Naturbereichen leben: Naiaden, Nymphen der Quellen und Gewässer; → Okeaniden und Nereiden, Nymphen der Meere; Dryaden und Hamadryaden, Nymphen der Bäume; Oreaden, Nymphen der Berge. Die Nymphen konnten sanft und gütig, aber auch grausam sein.

Nyx: Göttin der Nacht; sie entstand aus dem Chaos, das am Anfang der Zeit vor allen anderen Dingen war. Mit ihrem Bruder Erebos (Finsternis) zeugte sie Hemera (Tag) und Aither (Luft). Aus sich selbst heraus gebar sie mehrere düstere Wesen, u.a. → Thanatos (Tod), → Hypnos (Schlaf) und Ker (Verhängnis).

Odysseus: König von Ithaka und griechischer Held; zusammen mit dem griechischen Heer fuhr er nach Troia, um die von Paris geraubte Helena für ihren Gatten Menelaos wiederzuerlangen. Zehn Jahre belagerten die Griechen Troja erfolglos, bis Odysseus das hölzerne Pferd bauen ließ, mit dessen Hilfe die listenreiche Eroberung und die Zerstörung der Stadt gelang (vgl. Homer, Ilias).

Seine Rückkehr nach Ithaka dauerte ebenfalls zehn Jahre, in denen er große Abenteuer bestehen musste und all seine Gefährten verlor. Schließlich gelangte er ganz allein in seine Heimat zurück (vgl. Homer, Odyssee).

Okeaniden: → **Nymphen des Meeres**; die 3.000 Töchter der → Titanen Okeanos und Tethys; sie waren Schwestern der Flussgötter und trugen Sorge sowohl für die oberirdischen Gewässer als auch für den Styx, den Fluss der Unterwelt.

Pan: Gott des Weidelandes und der Viehherden; in der Überlieferung sind viele mythologische Gestalten als seine Eltern angeführt. Pan war ein Mischwesen zwischen Mensch und Tier: er hatte einen menschlichen Körper, die Füße eines Bockes sowie dessen Hörner auf dem Kopf. Pan war nicht nur für die Fruchtbarkeit der Herden verantwortlich. Er war auch ein liebestoller Gott, der ständig den schönen Nymphen nachstellte. Eine besondere Eigenart Pans war es, friedliebende Menschen in der Natur mit lautem Getöse zu überraschen und sie so in „panischen" Schrecken zu versetzen.

Parcae/Parzen: s. Moiren

Persephone: (röm.: **Proserpina**); **Herrscherin der Unterwelt;** Tochter der → Demeter und des → Zeus. Sie wurde von → Hades durch eine List von der Erde entführt und wurde zur Herrscherin über die Unterwelt, wobei sie durch Fürsprache ihrer Mutter nur einen Teil des Jahres in der Unterwelt verbringen musste; die übrige Zeit konnte sie auf der Erde verweilen.

Pluton: s. Hades

Poseidon: (röm.: **Neptunus**); **Gott des Meeres;** als Herrscher über die Meere und Ozeane konnte er über Stürme, Wogen und damit über den Verlauf einer Seefahrt gebieten. Ursprünglich scheint er ein alter Fruchtbarkeitsgott gewesen zu sein. Der Dreizack, den Poseidon mit sich führte, galt als Symbol des Fischfangs. Poseidon zählte zu den zwölf großen olympischen Göttern (→ Götter, olympische).

Proserpina: s. Persephone

Rhea: eine Titanin (→ Titanen); als Gattin des → Kronos gebar sie sechs göttliche Kinder, Hestia, → Demeter, → Hera, → Hades, → Poseidon und → Zeus. Diese beraubten ihren Vater der Herrschaft (→ Götter, olympische).

Saturnus: s. Kronos

Sol: s. Helios

Terra/Tellus: s. Gaia

Thanatos: der Tod; Thanatos war weder eine verehrte Gottheit, noch war er nur eine Personifikation des Todes. Als Sohn der Nacht (→ Nyx) und Bruder des Schlafes (→ Hypnos) galt er in der Mythologie als Todesengel, der den Menschen, deren Lebenszeit abgelaufen war, die Haarlocke abschnitt und diese dem Unterweltgott → Hades übergab. Die Sterbenden führte er dann aus dem Leben fort.

Titanen: Göttergeschlecht, aus der Vereinigung von Uranos (Himmel) und Gaia (Erde) hervorgegangen; in der Urzeit, vor den olympischen Göttern (→ Götter, olympische), herrschten die Titanen über die Welt. Kronos, → Rhea und Okeanos waren die bedeutendsten Titanen. Die Kinder des Kronos und der Rhea – Hestia, Demeter, Hera, Hades, Poseidon und Zeus – waren keine Titanen, sondern erhoben sich gegen die Herrschaft ihres Vaters und stürzten ihn. Danach lösten die Brüder die Titanen als Göttergeschlecht ab und teilten die Herrschaft über die Welt unter sich auf. Zeus verbannte alle Titanen, die sich als seine Gegner herausstellten, in die Tiefen der Unterwelt, den Tartaros, wo sie hinter brozenen Toren auf ewig gefangengehalten werden.

Uranos: der Himmel; ein Abkömmling der → Gaia (Erde), die ihn aus sich selbst heraus gebar. Aus der Vereinigung von Gaia und Uranos ging das Göttergeschlecht der → Titanen hervor. Da Uranos grausam gegenüber seinen Kindern war, gedachte Gaia, sich an ihrem Gemahl zu rächen. Einen ihrer Söhne, → Kronos, konnte sie überreden, Uranos für sein Verhalten zu strafen. Mit einer Sichel entmannte Kronos seinen Vater und beraubte ihn der Herrschaft über die Welt. Kronos selbst begründete dann die Herrschaft der Titanen.

Venus: s. Aphrodite

Vulcanus: s. Hephaistos

Zeus: (röm.: **Iupiter/Iuppiter**); **oberster der olympischen Götter** (→ Götter, olympische), **Herrscher über Götter und Menschen**; Sohn der → Titanen → Kronos und → Rhea. Mit seinen Brüdern → Poseidon und → Hades beraubt er seinen Vater der Herrschaft und teilt mit ihnen die Welt unter sich auf; Zeus fielen durch das Los Himmel und Erde zu. Grundsätzlich oblag es Zeus, alle Geschehnisse der Welt zu lenken und zu entscheiden. So hatte Zeus bei Streitfragen göttlicher oder auch menschlicher Art oft die letzte Entscheidungsgewalt. Besonders übernahm er aber die Funktion als Wettergott, der für Blitz, Hagel und Donner verantwortlich war. Blitze verwendete er als strafende Waffen gegen widerstrebende Götter und Menschen. Dem Schutz der Städte und der Gastfreundschaft nahm sich Zeus ebenfalls in besonderer Weise an.

Botanischer Index

Die **fett** gedruckten Pflanzennamen verweisen auf die dazugehörenden Verwandlungssagen.

Ackerminze 50
Adonis aestivalis L. 38
Adonis autumnalis L. 38
Adonisröschen 38
Amaryllisgewächs 56
Anemone 38
Anemone coronaria L. 38
Apfel 40
Apfelbaum 40

Balsambaumgewächs 53
Bocksfeigenbaum 41
Boswellia carteri 63
Brautmyrte 55
Brennende Liebe 43
Buschwindröschen 38

Commiphora abyssinica 53
Cupressus sempervirens 65

Eiche 62
Essfeigenbaum 41

Feigenbaum 41
Ficus carica 41
Ficus carica (var. caprificus) 41
Ficus carica (var. domestica) 41

Hahnenfußgewächs 38

Juglans regia 62
Jupiterblume 43

Klatschmohn 51
Kuckuckslichtnelke 43
Kronenanemone 38

Laurus nobilis L. 44
Lichtnelke 42
Lichtnelke, Weiße 43
Linde 43
Lippenblütler 47
Lorbeer 44

Lychnis flos-cuculi 43
Lychnis chalcedonica 43
Lychnis flos-jovis 43
Lychnis alba 43

Majoran 47
Majoran, Echter 47
Majorana hortensis 47
malum 40
Maulbeerbaum 49
Maulbeerbaum, Weißer 49
Maulbeerbaum, Schwarzer 49
Maulbeergewächs 41
Mentha piperita 50
Mentha pulegium 50
Mentha aquatica 50
Mentha arvensis 50
Minze 50
Mohn 51
Mohngewächs 51
Morus alba 49
Morus nigra 49
Myrrhenbaum 53
Myrrhenbaum, Echter 53
Myrte 55
Myrte, Echte 55
Myrtengewächs 55
Myrtus communis 55

Narcissus poeticus L. 56
Narcissus pseudonarcissus L. 56
Narzisse 56
Narzisse, Weiße 56
Nelke 43
Nelkengewächs 42

Origanum majorana 47
Osterglocke 56

Papaver rhoeas 51
Papaver somniferum 51
Pappel, Kanadische 60
Phragmites australis 58

Pfefferminze 50
Poleiminze 50
Populus alba 61
Populus x canadensis 60

Quitte 40

Rohrkolben 58
Rosengewächs 40

Schilfrohr 58
Schilfrohr, Gemeines 58
Schlafmohn 51
Seggen 58
Silberlinde 44
Silberpappel 60
Sommerlinde 43
Süßgras 58

Tilia cordata 43
Tilia platyphyllos 43
Tilia tomentosa 44

Walnuss, Gemeine 62
Walnussbaum 62
Walnussbaumgewächs 62
Wasserminze 50
Weidengewächs 60
Weihrauchbaum 63
Windröschen 38
Windröschen, großes 38
Winterlinde 43

Zypresse 65
Zypresse, Echte 65

Zoologischer Index

Die **fett** gedruckten Tiernamen verweisen auf die dazugehörenden Verwandlungssagen.

Aaskrähe 84
accipiter 81
Accipiter gentilis 80
Accipiter nisus 80
Adler 70
Ährenträgerpfau 95
Affe 71
Alectoris graeca 106
Altweltaffen 71
Anthropoides virgo 86
Araneae 104
Araneus diadematus 106
Athene noctua 109

Berberaffe 71
Blumentiere 82
Breitnasenaffen 71
Bubo bubo 110
Buntspecht 102

Canis lupus 114
Corallium rubrum 82
Corvus corax 97
Corvus corone 84
Corvus corone cornix 84
Corvus corone corone 84
Corvus frugilegus 84
Cygnus cygnus 100
Cygnus olor 100

Dendrocopos maior 102
Dohle 72
Dryocopus martius 102
Echse 89
Edelkoralle 82
Elster 73
Emys orbicularis 99
Entenvögel 100
Eretmochyles imbricata 99
Eulenvögel 109, 110

Fischadler 74
Fledermaus 77
Frosch 78

Frösche, Echte 78
Froschlurche 78

Gecko 89
Giftspinnen 104
Gigantorana goliath 78
Goliathfrosch 78
Gorgonien 82
Graukranich 85
Greifvögel 74, 80
Grünspecht 102
Grus grus 85

Habicht 80
Haushund 114
Helmperlhuhn 92
Hemidactylus turcicus 89
Höckerschwan 100
Hühnerhabicht 80
Hühnervögel 92, 95, 106
Hundsaffe 72
Hydrozoen 82
Jungfernkranich 86

Kaiserzikade 116
Karettschildkröte, Echte 99
Katzen 86
Kolkrabe 97
Koralle 82
Korallentiere 82
Krähe 84
Kranich 85
Kreuzspinne 106

Landschildkröte 99
Landschildkröte, Griechische 99
Luchs 86
Luscinia megarhynchos 90
Lynx lynx 87

Macaca sylvanus 71
Magot 71
Mauergecko 89
Medusen 82

Meerespolypen 82
Meeresschildkröte 98
Meerkatze 72
Milben 104
Nachtigall 90
Nebelkrähe 84
Neuweltaffen 71
Nordluchs 87
Numida meleagris 92
Pandion haliaëtus 74
Pavian 72
Pavo cristatus 95
Pavo muticus 95
Perlhuhn 92
Pfau 95
Pfau, Blauer 95
picus 102
Picus viridis 102
Polypen 82
Pomponia imperatoria 116

Quallen 82

Rabe 97
Rabenkrähe 97
Rabenvögel 72, 73, 97
Rana esculenta 78
Rebhuhn 106
Reptilien 98

Saatkrähe 84
Schildkröte 98
Schmalnasenaffen 71

Schwalbe 92
Schwan 100
Schwarzspecht 102
Singschwan 100
Skorpion 104
Specht 102
Sperber 80
Spinne 104
Spinnentiere 104
spinturnix 110
Steinadler 70
Steinhuhn 106
Steinkauz 109
stelio 89
Sterneidechse 89
Stinkhahn 111
Sumpfschildkröte 98

Tarentola mauritanica 89
Teichfrosch 78
Testudo hermanni 99

Uhu 110
Uhu, eurasiatischer 110
Upupa epops 111

Wasserfrosch 78
Wasserschildkröte 98
Weberknechte 104
Webspinnen 104
Wiedehopf 111
Wolf 114

Zikade 116

Mythologischer Index

Die **fett** gedruckten Namen verweisen auf die dazugehörenden Verwandlungssagen.

Acheron 111
Adonis 38, 41, 55
Aesculap s. Asklepios
Akropolis 108, 109
Alcithoë s. Alkithoë
Alkithoë 77
Althaea s. Althaia
Althaia 94
Amaracus s. Amarakos
Amarakos 47
Amphitea 62
Andromeda 84
Aphrodite 38, 40, 43, 44, 47, 51, 52, 55, 86, 99, 100
Apollo s. Apollon
Apollon 45, 62, 66, 70, 79, 81, 97, 99, 100, 114, 117
Arachne 106
Ares s. Mars
Argonautenfahrt 87
Argos 95
Argos, hundertäugiger 97
Argus s. Argos, hundertäugiger
Arkadien 114
Arne 73
Arsippe 77
Artemis 66, 80, 81, 86, 94
Ascalaphus s. Askalaphos
Askalabos 90
Askalaphos 111
Asklepios 85, 98, 99
Athen 92, 108, 112
Athene 85, 86, 98, 106, 108, 109
Attika 70, 90
Aurora s. Eos

Babylon 49
Bacchus s. Dionysos
Bauern, lykische 80

Calydon s. Kalydon
Canens 104
Caroea s. Karya
Carthaea s. Karthaia

Cassiope s. Kassiopeia
Celeus s. Keleus
Ceos s. Keos
Cepheus s. Kepheus
Cephisos s. Kephissos
Ceres s. Demeter
Chelone 99
Cheiron 44
Chione 81
Chiron s. Cheiron
Cinyras s. Kinyras
Circe 104
Clytië s. Klytië
Coroneus s. Koroneus
Coronis s. Koronis
Cupido s. Eros
Cybele s. Kybele
Cycnus s. Kyknos
Cyparissus s. Kyparissos
Cypros s. Kypros

Daedalion s. Daidalion
Daedalus s. Daidalos
Daidalion 81
Daidalos 108
Danaë 82
Daphne 45
Delos 80
Delphi 45
Demeter 40, 42, 51, 52, 57, 86, 87, 90, 111
Diana s. Artemis
Dion 62
Dionysos 40, 42, 62, 77

Echo 58
Eleusis 87
Elysion 61
Elysium s. Elysion
Eos 117
Epopeos 109
Epopeus s. Epopeos
Eridanos 102
Eridanus s. Eridanos

Eros 45, 86
Euhippe 74

Faunus s. Pan
Flussgottheiten 80

Gaia 42
Gerana 86
Gorgonen 82

Hades 51, 52, 57, 61, 90, 111
Helios 64, 100
Hephaistos 43
Hera 80, 86, 95, 99
Herakles 61
Hercules s. Herakles
Hermes 77, 81, 97, 99
Hypnos 52

Idas 87
Inachos 95
Inachus s. Inachos
Io 95
Iovis glans 62
Ischia 72
Ischys 98
Itys 90, 112
iuglans 62
Iuno s. Hera
Iupiter s. Zeus

Juno s. Hera
Jupiter s. Zeus
Jupiter 62

Kalydon 94
Karthaia 66
Karya 62
Kassiopeia 84
Keleos 87
Keos 66
Kepheus 84
Kephissos 58
Kerkopen 72
Kinyras 41, 47, 53
Kirke s. Circe
Klytië 64
Koroneus 85
Koronis 85, 97
Kronos 44
Kybele 66
Kyknos 100

Kyparissos 66
Kypros 41, 47, 53

Labdakos 92, 112
Labdacus s. Labdakos
Ladon 60
Latona s. Leto
Laurentum 104
Lesbos 109
Leto 80
Leuce s. Leuke
Leuconoë s. Leukippe
Leucothoë s. Leukothoë
Leuke 61
Leukippe 77
Leukothoë 64
Ligurien 102
Liriope 58
Lycaon s. Lykaon
Lyco s. Lyko
Lydien 106
Lykaon 114
Lykien 80
Lyko 62
Lynceus s. Lynkeus
Lyncus s. Lynkos
Lynkeus 87
Lynkos 87

Makedonien 74
Mars 102, 104
Mecon s. Mekon
Medusa 82
Megara 75
Mekon 52
Meleager 94
Melquart 61
Melos 41
Melus s. Melos
Mercur s. Hermes
Minerva s. Athene
Minos 73, 75
Minthe 51
Minthe-Berg 51
Minyas 77
Minyas-Töchter 77
Misme 90
Morgenstern 81
Mors s. Thanatos
Musen 74, 117
Myrrha 53
Myrene 55

Narcissus s. Narkissos
Narkissos 58
Nemesis 58
Neptun s. Poseidon
Nisos 75
Nisus s. Nisos
Nox s. Nyx
Nyctimene s. Nyktimene
Nyktimene 109
Nyx 52

Oineos 94
Oineus s. Oineos
Orchamos 64
Orchamus s. Orchamos
Orchomenos 97·
Orchomenus s. Orchomenos
Orphe 62
Orphne 111

Pan 60
Pandion 92, 112
Parzen 94, 111
Parnassos-Gebirge 81
Pelia 41
Pella 74
Peneios 45
Peneus s. Peneios
Perdix 108
Periphas 70
Persephone 51, 52, 56, 66, 90, 111
Perseus 82
Phaeton 100
Philomela 92, 112
Philyra 44
Phlegyas 97
Phönikien 84
Phytalos 42
Phytalus s. Phytalos
Picus 103
Pieriden 74
Pieros 74
Pierus s. Pieros
Pierostöchter 74
Pithekusa 72
Plexippos 94
Plexippus s. Plexippos
Pluto s. Hades
Polydectes s. Polydektes
Polydektes 83
Poseidon 85

Procne s. Prokne
Prokne 92, 112
Proserpina s. Persephone
Pygmäen 86
Pylos 51
Pyramos 49
Pyramus s. Pyramos

Remus 102, 114
Romulus 102, 114

Samos 95
Saturn s. Kronos
Scylla s. Skylla
Seriphos 83
Siphnos 73
Skylla 75
Skythien 87
Smyrna s. Myrrha
Sol s. Helios
Somnus s. Hypnos
Syceas s. Sykeas
Sykeas 42
Syrinx 60

Telephos 66
Telephus s. Telephos
Tellus s. Gaia
Tereus 92, 112
Thanatos 52
Theben 77, 92, 112
Thisbe 49
Thrakien 92, 112
Tithonos 117
Tithonus s. Tithonos
Toxeus 94
Triptolemos 87
Triptolemus s. Triptolemos

Unterwelt 51, 56, 61, 77, 111

Venus s. Aphrodite
Vulcanus s. Hephaistos

Wolfstöter 114

Zeus 42, 43, 44, 71, 72, 80, 82, 95, 99, 111, 114, 117
Zypern 47

Namens- und Sachregister

Abführmittel 42, 49
Adelsherrschaft 22
Adonis 27
Adorno, Theodor W. 15
Aeneis 31
Ägypter 21
Akropolis 108, 109
Alexander der Große 95
Alkaloide 56
Alkmaion von Kroton 23
Alleebaum 61
altorientalischer Kulturkreis 29
Anatomie 23, 26
Anaximander 22
Anaximenes 22
Anthropomorphismus 29, 30
apeiron 22
Apfelmost 40
Aphrodite 27
Arbeitsweise, induktive 24
Aristoteles 16, 23, 24
Artemis 28
Äsop 114
Äther 24
Athen 108, 109
Athene 34
Atomlehre 23
Attika 109
Auguralvogel 81, 102

Babylonier 21
Blastophaga psenes 41
Beobachtung 16, 21, 22, 24
Bernstein, „ligurischer" 87
Beruhigungsmittel 52
Betäubungsmittel 52
Betäubungsmittelgesetz 52
Betrachtungsweise, teleologische 24
Biologie 14, 17, 18, 23, 24, 25
Blasinstrument 60
Blut 23
Bodenbefestigung 61
Botanik 25
Brautschmuck 55
Bräutigam 51

Ceres s. Demeter
Ceylon 95
Chaos 33
Christentum 31

Dämonenglaube 28
Darwin, Charles 18, 23
Demeter 33
Demokrit 23
Dialektik der Aufklärung 15
Diana s. Artemis
Dioskurides 25

Eiszeit 84
Eleusis 57
Empedokles 22, 24
Epik, hellenistische 29
Erkältungskrankheiten 43
Euhemerismus 30
Euhemeros 30
„Eulen nach Athen tragen" 109
Evolution 25

Falken 81
Federwild 108
Feigenwespe 41
Feldzeichen, römisches 70
Flughäute 77
Froschschenkel 78
Frucht der Liebe 40
Frühlingsbotin 90
Frühlingsvegetation 38

Gaia 33
Galen 26
Galle 41
Galle, gelbe 23
Galle, schwarze 23
Gallenblüten 41
Geschwätzigkeit 74
Gewürz 47, 50, 52, 53, 55
Goethe 19
Götter, olympische 34
Gorilla 71
Gräberpflanze 55

Granatapfel 111
Griechen 21
Grundqualitäten 23

Hades 33
Hartlaubformationen 44
Harz 53, 63
Heilige Reden 28
Heilmittel gegen
Erkrankungen der Atemwege 50
der Mundhöhle 50
des Magen-Darm-Traktes 50
Erkältungskrankheiten 51
Entzündungen 53
Frauenkrankheiten 66
Geschwüre 56
Hautkrankheiten 100
Hautunreinheiten 100
Magenbeschwerden 56
Schlangenbisse 89
Verbrennungen 56
Wunden 53
hellenistische Zeit 29
Hellespont 75
Helena 27
Hera 28, 29, 33
Hesiod 28, 29, 30, 31
Hestia 33
Hexe 110
Hippokrates 23, 26
Hirtenflöte 60
Hochzeitskranz 47
Hochzeitsvogel 85
Höhlenbrüter 72
Homer 21, 28, 30, 31
Homöopathie 38
Horaz 17
Horkheimer, Max 15
Horste 70, 81
Horus 81
Humboldt, W. von 15
Humoralpathologie 23

Ideen 24
Ilias 21, 29
Iuno s. Hera
Iupiter s. Zeus

Jungsteinzeit 21
Juno s. Hera
Jupiter s. Zeus

Kampfspiele 108
Kant 18
Kaukasus 34
Klassik, griechische 29
Kleinasien 22
Knicksen 109
Knospung 82
Kolonisation (griechische) 22, 31
Kosmologie 22, 23
Kränze 43
Kranichtanz 85
Kreta 33
kret.-mykenischer Kulturkreis 29
Kronos 33
Kult 28, 29
Kulte, italische 31
Kulturfolger 73
Kurzdichtung, hellenistische 29
Kyklopen 33
Kypros 41

Leichengesang 110
Lichtgottheiten 66, 81
Lichtvogel 81
Ligurien 87
Lindenblütentee 43
Liturgie, christliche 63
Logos 15
Lorenz, Konrad 73
Luchsharnstein 87
Lyncurium 87
Lyra 99, 100

Macht gegen bösen Zauber 78
Materie 24
Medizin 26
Medizin, antike 23
Menthol 50
Metamorphosen 31
Methode, vergleichende 23
Milet 22
Minerva s. Athene
Missgunst 87
Mittelalter 26
Morphologie, botanische 25
Münzwappen 75
Münzzeichen 70
Myrrhe 53
Myrrhenessenzen 53
Myrrhen-Tinktur 53
Mysterien, eleusinische 57

Mystik 30
Mythenkritik 30
Mythographen 30
Mythologie, griechische 31
, römische 31
Mythos 15, 28

Nachtfalterblume 43
Narziss 27
Naturforschung 26
Naturphilosophen 22
Neptun s. Poseidon
Nesträuber 73, 84

Obst 40
Odyssee 21, 29
Odysseus 27
Ödipus 27
Öle, ätherische 47, 50, 53, 55
Okulation 40
Olymp 34
Opium 51
Orang-Utan 71
Orient 63
orientalische Sagen 31
Ovid 31

Panflöte 60
Pangenesistheorie 23
Pantomimus 60
Parfum 55
Parkbaum 61
Pathologie 26
Perlhuhnzucht 94
Pfauenzucht 95
Pferderennen 75
Pfropfen 40
Pharmakologie 26
Phönizier 95
Physiologie 23, 26
Physiologie, botanische 25
Pirschflug 80
Platon 24, 33
Plinius Secundus 25
Pluto s. Hades
Polytheismus 22
Poseidon 28, 33
Priesterschaft, griechische 28
Prinzip der Bewegung 24
Form 24

Prinzip, weibliches 44
Prometheus 34

Rauschmittel 51
Räuchermittel 53
Re 81
Realität 24
Reinigung (seelische) 45
Religion, griechische 28
Renaissance 23
Rhea 33
Rhizom 58
Riesen, hundertarmige 33
Riffe 82
Röhricht 58
Rom 25, 31

Säftelehre 23, 26
Salomon 95
Schackern 74
Schlafmittel 52
Schildpatt 99
Schilf 58
Schimpansen 71
Schleim 23
Schwarzmeerküste 75
Seidenraupen 49
Sinnbild des Dichters 100
Sizilien 22
Speiseöl 62
Sprachfähigkeit (tierische) 74
Sühne 45
Sumerer 21
Symbol der Boshaftigkeit 72
der Feigheit 78
der Fruchtbarkeit 40, 42, 52
der Gier 114
der Klugheit 77
der Lebensfreude 86
der Liebe 86
der Schönheit 38
der Trauer 66
der Vergänglichkeit 38
der Wollust 100
des Dichters 117
des hässlichen Aussehens 72
des Herrschertums 70
des langen Lebens 99
des Lichtes 61
des räuberischen Menschen 81

des Siegertums 70
des Todes 56, 66
des üppigen Lebens 62
des Wohlbefindens 42
Syrinx 59

Terminologie, botanische 25
Thales aus Milet 22
Theogonie 29
Theophrast 25
Theriomorphismus 28
Tierfabel 114
Titanen 33
Totemtier 102
Totenkränze 56
Totenkult 56, 63
Tragödie, attische 29

Ultraschalllaute 77
Umbrien 102
Unteritalien 22, 31
Unterwelt 34
Unterweltdämon 110
Uranos 33
Urelemente 22
Urprinzip 22
Urstoff 22

Vegetationsgott 38
Venus s. Aphrodite
Verdauungsförderung 47
Vererbungslehren 23
Verhaltensforschung 73
Verfassungen, demokratische 22
Vergil 31
Vögel, „numidische" 94
Vogel der Athene 109
  des Mars 102
Vorbedeutung, schlechte 89
vorhomerische Zeit 28

Wahrnehmung, sinnliche 24
Walnuss 62
Wappenzeichen 70
Weihrauch 63
Weisheit, Vogel der 100
Weissagung 45, 70, 79, 97
Weltdeutung 15
Werwolf 114
Wetterprophet 109
Wildling 40
Wölfin, römische 102, 114
Wohlgeruchsopfer 63
Wunder 30

Xenophanes aus Kolophon 30

Zeichen der Fruchtbarkeit 78, 99
  der Trauer 61, 66, 110
  des prahlenden Reichtums 90
  des Reichtums 95
  des Sieges 45, 55
  des Sommers 117
  des Unheils 106, 110, 114
Zeitalter, fünf 35
Zenon aus Elea 23
Zeugungslehren 23
Zeus 28, 29, 33
Zierbaum 65
Ziervogel 90
Zirpen 116
Zoologie 23
Zwiebelpflanze 56

Verzeichnis der antiken Autoren und Quellen

Im Folgenden werden die antiken Autoren und Quellen aufgeführt, die den in diesem Buch dargestellten Verwandlungssagen zugrunde gelegt wurden.

Aelian: (2./3. Jh. n. Chr.); Aelian lebte in Rom und schrieb Sammelliteratur unterschiedlichen Inhalts. Seine erhaltenen Werke bestehen aus 17 Büchern *Tierleben* und 14 Büchern *Bunte Historia*, in denen teils wissenschaftlich, teils anekdotenhaft Themen aus der Tierwelt und der Naturkunde behandelt werden. Oft finden sich darin moralische Appelle.

Antoninus Liberalis: (wahrscheinlich 2. Jh. n. Chr.); er ist wohl in Rom geboren und verfasste als Mythograph eine Sammlung von 41 Verwandlungssagen, die den Titel *Metamorphosen* trägt.

Apollodor: Unter dem Namen dieses griechischen Grammatikers aus dem 2. Jh. v. Chr. ist ein mythologisches Handbuch – die *Bibliothek des Apollodorus* – überliefert. Das Werk stammt aber wohl erst aus dem 1. Jh. n. Chr., der Verfasser ist unbekannt. Die *Bibliothek* enthält Götter- und Heldensagen vom Anfang der Welt bis hin zu den Irrfahrten des Odysseus.

Apollonios von Rhodos: (3. Jh. v. Chr.); der Gelehrte und Epiker wurde in Alexandria geboren, war dort anfangs Bibliothekar, ging später aber nach Rhodos, weshalb er den Beinamen Rhodios erhielt. Sein berühmtestes Werk ist das in 4 Büchern verfasste Epos über die Fahrt der Argonauten, die *Argonautika*.

Aristoteles: (384–322 v. Chr.); dieser griechische Philosoph, Platon-Schüler und Erzieher Alexanders des Großen beeinflusste nicht nur durch seine wissenschaftliche Philosophie das gesamte Denken des Abendlandes bis in die Neuzeit, sondern begründete auch durch seine Schriften eine noch heute gültige Systematik der Naturwissenschaften. Seine Schriften gelangten im 12. Jh., hauptsächlich durch arabische Übersetzungen, wieder ins Abendland, wo sie einen nicht zu überschätzenden Einfluss insbesondere auf die christliche Philosophie ausübten.

Äsop: Nach antiker Legende ist Äsop der Begründer der Fabelliteratur. Er wird von antiken Autoren im 6. Jh. v. Chr. angesetzt. Ob er eine erdichtete oder doch tatsächliche Person war, läßt sich nur schwer erschließen. Schon im Altertum gingen die Meinungen auseinander, ob dieser Äsop Fabeln selbst geschrieben habe oder nur ein guter Erzähler gewesen sei.

Athenaios: (um 200 v. Chr.); als vielseitiger griechischer Schriftsteller verfasste Athenaios ein 30 Bücher umfassendes Werk (15 Bücher sind erhalten) mit dem Titel *Deipnosophisten*. Während dieses fiktiven „Philosophengastmahls", das mehrere Tage dauert, unterhalten sich Gelehrte während des Essens über die unterschiedlichsten Themen, wie Speisen und Getränke, aber auch über Musik, Tanz und Dichtung. Wertvoll ist dieses Tischgespräch v.a. wegen seiner vielen Zitate aus verlorenen Werken antiker Autoren.

Hesiod: (um 700 v. Chr.); erster griechischer Dichter, der als Person fassbar ist (s. auch → Homer). Hesiods Dichtung umfasst zwei große Werke: Die *Theogonie* beschreibt die Entstehung der Welt sowie den Ursprung der verschiedenen Göttergeschlechter. *Werke und Tage* behandelt die unterschiedlichen Tätigkeiten des Landbaus und gibt Anweisungen zu deren Durchführung.

Homer: Die Frage nach der Person Homers ist bei Philologen und Historikern weiterhin umstritten. Fest scheint zu stehen, dass dieser griechische Dichter im 8. Jh. v. Chr. lebte und aus dem Gebiet um Smyrna (Kleinasien) stammte; Legende ist offenbar, dass er blind gewesen sei. Die beiden Heldenepen, die *Ilias* und die *Odyssee*, die ihm zugeschrieben werden, schildern in insgesamt rund 28.000 Versen die zehnjährige Belagerung Trojas durch die Griechen (Ilias) und die zehn Jahre währenden Irrfahrten des Odysseus nach dem Troianischen Krieg (Odyssee). Immer wiederkehrende Themen sind die Taten der Helden und das schicksalhafte Eingreifen der Götter. Als frühester Dichter nicht nur Griechenlands, sondern auch des Mittelmeerraumes überhaupt (s. auch → Hesiod), beeinflusste Homer auf das Vielfältigste die nachfolgende Literatur des gesamten Abendlandes (s. auch → Ovid, → Vergil).

Homerische Hymnen: In dieser Sammlung sind sechs längere und 27 kürzere hymnische Dichtungen zusammengefasst, die Anekdoten aus dem Leben der Götter erzählen. Sie stammen aus dem 8.–6. Jh. v. Chr. und sind in verschiedenen Regionen Griechenlands entstanden. Die Annahme, dass diese Hymnen von dem Dichter → Homer verfasst worden seien, wurde schon früh zu Recht bestritten.

Hygin: (1. Jh. n. Chr.); ein freigelassener Sklave des Kaisers Augustus; dieser ernannte ihn zum Bibliothekar der palatinischen Bibliothek. Von seinen literarischen Werken sind nur Fragmente erhalten. Allerdings stehen unter seinem Namen zwei aus dem 2. Jh. n. Chr stammende Werke: ein astronomisches Handbuch *Über die Astronomie* und ein mythologisches Handbuch mit dem Titel *Sagen*.

Ovid: (43 v. Chr.–17/18 n. Chr.); besonders durch seine Liebesdichtung (*Liebeselegien, Liebeskunst, Heilmittel gegen die Liebe*) war Ovid einer der berühmtesten Dichter Roms. Sein noch heute wohl bekanntestes Werk sind die aus etwa 250 Verwandlungssagen bestehenden *Metamorphosen*; rund 15.000 Verse (15 Bücher) erzählen in chronologischer Reihenfolge viele bekannte Sagen von den Anfängen der Welt bis zur Zeit des Augustus. Aufgrund zweier nicht genauer bekannter Vergehen wurde Ovid im Jahre 8 n. Chr. von Augustus aus Rom verbannt und musste trotz ständiger Bitte um Rückkehr sein restliches Leben in Tomis am schwarzen Meer verbringen. Hier war er zwar noch dichterisch tätig (*Tristien, Briefe vom Schwarzen Meer*), konnte aber bis zu seinem Tode die ihm widerfahrene Ungnade und die Trennung von Rom nicht verwinden. Der Einfluss der Dichtung Ovids in der nachfolgenden europäischen Kultur ist unübersehbar (s. auch → Homer, → Vergil).

Plinius der Ältere: (23/24–79 n. Chr.); eigentlich römischer Offizier fand Plinius trotz seiner militärischen Laufbahn sein ganzes Leben über Zeit und Muße, sich der Literatur zu widmen. Von seinen vielen Werken ist nur die gewaltige enzyklopädische *Naturgeschichte* überliefert. Mit 37 umfangreichen Büchern behandelt sie u.a. Themen wie Geographie, Mineralogie, Tier- und Pflanzenwelt sowie die Natur des Menschen. Dieses Werk kann als Sammlung des naturwissenschaftlichen Wissens der damaligen Zeit bezeichnet werden.

Servius: (um 400 n. Chr.); der lateinische Grammatiker lebte in Rom und erwarb sich bei seinen Zeitgenossen nicht nur durch seine grammatischen und metrischen Schriften hohes Ansehen, sondern auch durch seine Vergil-Kommentare (→ Vergil).

Strabon: (64/63 v. Chr.–ca. 23 n. Chr.); dieser Historiker und Geograph stammte vom Schwarzen Meer und widmete sich in seinen Werken hauptsächlich der Geschichtsschreibung und der erdkundlichen Beschreibung der damals bekannten Welt. Seine in 47 Büchern verfassten *Historischen Kommentare* sind bis auf Fragmente verloren. Mit den 17 Büchern *Geographie* wollte Strabon eine Beschreibung der gesamten Oikumene geben. Eingeflochten in dieses Werk sind Exkurse u.a. über Geschichte, berühmte Personen und die Mythologie einzelner Regionen und Städte.

Vergil: (70–19 v. Chr.); wie viele lateinische Schriftsteller war auch Vergil von Geburt kein Stadtrömer. In Mantua geboren, vermochte er es aber durch eine umfassende Bildung und hartes, künstlerisches Arbeiten, zu einem der größten Dichter Roms aufzusteigen. Neben den *Hirtengedichten* und dem Werk *Vom Landbau* ist die *Aeneis* Vergils Hauptwerk. Dieses römische Heldenepos – nach den Vorbildern der Ilias und der Odyssee gestaltet (→ Homer) – handelt von den Taten des Helden Aeneas, der als Flüchtling aus dem zerstörten Troja nach Italien gelangt und dort der Vorsehung gemäß die Grundlagen für die spätere Herrschaft Roms bereitet.

Die Dichtung Vergils, besonders die Aeneis hat die römische, aber auch die nachfolgende europäische Kultur auf das Stärkste beeinflusst (s. auch → Homer, → Ovid).

Weiterführende Literatur

Zum Mythos allgemein:
Bohrer, Karl Heinz (Hrsg.): Mythos und Moderne, Frankfurt am Main 1983.
Brisson, Luc: Einführung in die Philosophie des Mythos, Bd. 1: Antike, Mittelalter und Renaissance, Darmstadt 1996.
Fuhrmann, Manfred (Hrsg.): Terror und Spiel. Probleme der Mythenrezeption, München 1971.
Hübner, Kurt: Die Wahrheit des Mythos, München 1985.
Jamme, Christoph: Einführung in die Philosophie des Mythos, Bd. 2: Neuzeit und Gegenwart, Darmstadt 1991.
Kemper, Peter (Hrsg.): Macht des Mythos - Ohnmacht der Vernunft?, Frankfurt am Main 1989.
Meier, Gert: Die Wirklichkeit des Mythos, Bern 1990.
Kerényi, Karl: Die Eröffnung des Zugangs zum Mythos. Ein Lesebuch, Darmstadt 1967.
Poser, Hans (Hrsg.): Philosophie und Mythos, Berlin/New York 1979.
Schlesier, Renate (Hrsg.): Faszination des Mythos, Basel 1985.

Handbücher zur antiken Mythologie:
Grant, Michael/Hazel, John: Lexikon der antiken Mythen und Gestalten, 12. Aufl., München 1996.
Hunger, Herbert: Lexikon der griechischen und römischen Mythologie, 8. Aufl., Wien 1988.
Kerényi, Karl: Die Mythologie der Griechen, 2 Bde., Zürich 1951/1958.
Roscher, Wilhelm Heinrich (Hrsg.): Ausführliches Lexikon der griechischen und römischen Mythologie, Leipzig 1884-1937.
Rose, Herbert Jennings: Griechische Mythologie. Ein Handbuch, München 1955.
Tripp, Edward (Hrsg.): Reclams Lexikon der antiken Mythologie, 3. Aufl., Stuttgart 1981.

Zur griechisch-römische Mythologie und Religionsgeschichte:
Bremmer, Jan (Hrsg.): Interpretations of Greek Mythology, London/Sydney 1987.
Ders.: Götter, Mythen und Heiligtümer im antiken Griechenland, Darmstadt 1996.
Burkert, Walter: Mythisches Denken. Versuch einer Definition an Hand des griechischen Befundes, in: Philosophie und Mythos. Ein Kolloquium, hrsg. v. H. Poser, Berlin 1979.
Graf, Fritz: Griechische Mythologie. Eine Einführung, Düsseldorf/Zürich 1997.
Kerényi, Karl: Antike Religion, Stuttgart 1995.
Preller, Ludwig: Römische Mythologie, Berlin 1858 (Nachdr. 1978).
Rademacher, Ludwig: Mythos und Sage bei den Griechen, Baden bei Wien 1938.
Schindler, Wolfgang: Mythos und Wirklichkeit in der Antike, Berlin 1988.
Wilamowitz-Möllendorff, Ulrich von: Der Glaube der Hellenen, 2 Bde., 1931/1932.
Wissowa, Georg: Religion und Kultus der Römer, München 1912.

Zur Geschichte der Biologie:
Anker, Jean/Dahl, Svend: Werdegang der Biologie, Leipzig 1938.
Bodenheimer, Frederic: The History of Biology, London 1958.

Jahn, Ilse/Löther, Rolf/Senglaub, Konrad (Hrsg.): Geschichte der Biologie, Jena 1985
Mägdefrau, Karl: Geschichte der Botanik, Stuttgart/Jena/New York 1992.
Mayr, Ernst: Die Entwicklung der biologischen Gedankenwelt, Berlin/Heidelberg/New York/Tokyo 1984.

Zu Pflanzen und Tieren in der Antike:
Hehn, Victor: Kulturpflanzen und Haustiere in ihrem Übergang aus Asien nach Griechenland und Italien sowie in das übrige Europa, 4. Aufl., Berlin 1883 (Nachdr. 1963).
Keller, Otto: Die antike Tierwelt, 2 Bde., Leipzig 1909/1913 (Nachdr. 1963).
Ders.: Thiere des classischen Alterthums in culturgeschichtlicher Beziehung, Innsbruck 1887.
Mielsch, Harald: Griechische Tiergeschichten in der antiken Kunst, Mainz 2005.
Murr, Josef: Die Pflanzenwelt in der griechischen Mythologie, Innsbruck 1890 (Nachdr. 1969).

Bildnachweis

Die Kupferstiche entstammen dem Werk:
Les Métamorphoses d'Ovide gravées sur les desseins des meilleurs peintres français, eng. Noël Le Mire et François Basan, Paris 1769. Mit freundlicher Überlassung durch Claudio Marra, Rom